基于核心素养的中职学生创新能力培养

邹木英　著

延吉・延边大学出版社

图书在版编目（CIP）数据

基于核心素养的中职学生创新能力培养 / 邹木英著.
延吉：延边大学出版社，2024. 10. -- ISBN 978-7-230-07371-4

Ⅰ. G718. 3

中国国家版本馆 CIP 数据核字第 2024R7D625 号

基于核心素养的中职学生创新能力培养

著　　者：邹木英
责任编辑：孟祥鹏
封面设计：万典文化
出版发行：延边大学出版社
社　　址：吉林省延吉市公园路 977 号　　邮　　编：133002
网　　址：http://www. ydcbs. com　　E-mail：ydcbs@ ydcbs. com
电　　话：0433-2732435　　传　　真：0433-2732434
印　　刷：延边延大兴业数码印务有限责任公司
开　　本：787mm×1092mm　1/16
印　　张：11
字　　数：200 千字
版　　次：2025 年 4 月第 1 版
印　　次：2025 年 4 月第 1 次印刷
书　　号：ISBN 978-7-230-07371-4

定　　价：72. 00 元

PREFACE 前言

核心素养不仅包括知识和技能的掌握，还包括价值观、思维方式和学习方法等综合素质的提升，这些都是培养学生创新能力的基础。在中职教育中融入核心素养的培养，旨在使学生更好地适应未来社会的需求，具备解决复杂问题的能力，并在未来的职业发展中持续创新和学习。中职学校应通过改革传统教学模式，采用项目式、探究式学习方式，鼓励学生主动学习，探索未知，这样可以激发学生的创新思维和实践能力。通过企业提供的实践平台，学生可以直接接触行业前沿的技术和管理经验，这不仅能增强学生的职业技能，还能提高其适应行业变化的能力，从而为其未来的创新活动奠定坚实的基础。同时，企业参与课程内容的设计和教学过程，有助于教育内容与企业需求对接，增强教育的针对性和实效性。

本书旨在探讨如何基于核心素养理论，培养中职学生的创新能力。随着电子商务行业的快速发展与普及，中职学生作为未来劳动力的重要组成部分，其创新能力的培养显得尤为重要。本书共七章，分别为核心素养与创新能力概述、中职学生创新意识与核心素养的融合、中职学生核心素养与创新思维的培养、中职学生创新能力培养中的核心素养支持、项目实践与核心素养在中职学生创新教育中的应用、教师角色转变与中职学生创新教育的核心素养培养、核心素养视角下的中职学生创新能力培养评价。本书旨在服务于中职教育工作者、教育管理者，以及对中职学生创新能力培养感兴趣的相关人士。参考文献部分收录了一些研究成果，可供读者进行深入学习与研究。希望本书能为中职学生创新能力的培养提供有益的参考与指导。

笔者在撰写本书的过程中借鉴了许多前辈的研究成果，在此向他们表示衷心的感谢。由于笔者精力有限，加之写作时间仓促，书中难免存在不足之处，恳请广大读者斧正。

邹木英

2024 年 9 月 1 日

CONTENTS

目录

第一章　核心素养与创新能力概述

第一节　中职学生的核心素养

一、社会交往能力

（一）沟通与合作能力

沟通与合作能力是职场中不可或缺的核心素养，尤其是在现代职场中，员工不仅需要独立完成任务，还需要与他人紧密合作，分享信息和资源，只有这样才能共同实现团队目标。有效的沟通和良好的团队协作精神，能够提高工作效率、推动项目进展，并减少因误解或不协同而产生的工作障碍。对于中职学生而言，培养沟通与合作能力尤为重要，这不仅关乎他们未来在职场中的发展，还会影响到他们在职业教育中的学习效果。沟通是人与人之间相互理解、协调行动的桥梁。无论是与同伴、客户还是与上司沟通，信息的准确传达和接收都是工作顺利开展的前提。

有效的沟通不只是把话说清楚，更是一种深思熟虑的技能，涉及如何倾听、反馈，以及如何通过语言或非语言的方式进行互动。中职学生处于从学校步入职场的过渡阶段，所以学习并掌握职场沟通技巧显得尤为重要。学生必须理解，在职场中沟通并不只局限于口头表达，还包括书面沟通，如电子邮件、报告及与客户的沟通互动等。掌握这些技巧可以帮助他们在工作中避免信息传递上的失误，确保团队成员之间的信息交流通畅。

良好的沟通能力还包括倾听技巧。在团队中，倾听他人的意见与反馈是有效沟通的基础。倾听不仅是接受信息的过程，还意味着对他人表达的理解和尊重。在实际工作中，倾听可以帮助团队成员理解彼此的需求和问题，进而找到更好的解决方案。通过模拟工作情境或组织团体活动，教师可以让中职学生亲身体验倾听的重要性，并教导他们如何在沟通中有效地表达自己和倾听他人。经过这样的训练，学生可以逐步学会在未来的工作中，通过平等对话、信息共享来促进团队的协作和成功。

团队协作能力是沟通能力的自然延展。在现代职场中，很多工作任务的完成都需要依赖团队协作。团队协作不只是多人共同工作，而是需要每个人在团队中找到自己的角色，承担相应的责任，并与他人形成默契，共同解决问题。对于中职学生而言，他们未来将面对越来越多的项目化、合作化的工作模式。因此，培养他们的团队协作能力不仅能提升其工作效率，也有助于团队取得成功。在团队中，学生需要学会如何协调个人与团队的目标，如何在不同的意见中找到平衡，以及如何在遇到困难时与团队成员一起寻找解决方案。

团队协作能力还要求学生具备解决问题和应对挑战的能力。团队的每个成员有不同的背景、工作方式和思维方式，因此不可避免地会产生分歧。如何有效处理团队内部的分歧和冲突，成为培养团队合作能力的重要一环。教师可以通过项目式学习（Project-Based Learning，PBL）或团队合作活动，帮助中职学生体验如何在分歧中保持冷静，并通过沟通找到共同利益，从而推动团队向前发展。通过培养这样的能力，学生在未来的职场中面对复杂的工作环境时，能够与同伴保持良好的协作，确保工作的高效完成。

在现代职场中，与客户的沟通往往决定了企业的市场表现。与客户的有效沟通不仅能帮助企业了解客户需求，还能提升客户满意度，为企业赢得更多的商业机会。对于中职学生来说，学习如何与客户进行沟通是培养职业素养的重要内容之一。在这个过程中，学生需要学会倾听客户的需求、准确表达企业的产品或服务信息，并且在客户提出问题或挑战时，能及时做出回应，确保客户的满意度。在学校的职业培训中，教师可以通过案例分析或模拟客户服务场景，让学生提前接触和掌握这些技能，从而帮助他们在未来的职场中能快速适应与客户的沟通要求。

沟通与合作能力的培养不能只停留在理论层面，还需要通过实践进行锻炼。学校应为中职学生提供更多的实践机会，如校内外的实习项目、小组合作任务、模拟职场场景等。这些实践活动不仅可以帮助学生将在课堂上学到的沟通与合作技巧应用到实际工作中，还可以让他们在真实的工作环境中体验团队协作的挑战与成就感。通过这些实践，学生不仅能提升自己的沟通与合作能力，还能更好地理解职场的复杂性和多样性，为他们未来的职业发展奠定坚实的基础。

（二）人际关系处理能力

良好的人际关系处理能力不只是一种与他人交往的技巧，更是一种职场必备的核心素养，尤其在当今快速变化的工作环境中显得尤为重要。对于中职学生来说，学习如何妥善地处理人际关系是培养其职业核心素养的关键环节。培养学生的情绪管理、冲突解决等方面的能力，有助于他们在未来的职场中建立健康和谐的人际互动环境，提升其职业竞争力。

情绪管理能力是人际关系处理中的重要组成部分。情绪是人类行为的动力，能影响个体的认知、判断和行动。在职场中，情绪管理尤为重要，因为工作压力、个人情感和团队协作中的矛盾都可能影响个人的情绪。对于中职学生来说，学会情绪管理不仅有助于他们在压力下保持冷静，还能避免因情绪失控导致的人际冲突。例如，当面对上司的批评或同伴间的意见不合时，良好的情绪管理能力可以帮助他们理智地看待问题，寻求解决办法，而不是陷入情绪的旋涡中。教师可以通过模拟工作场景或组织团体活动，让学生体验和学习如何识别、调节自己的情绪，从而在未来的职场中能够自如地应对各种情境。

冲突解决能力是人际关系处理中的难点，也是职场核心素养的重要组成部分。在工作环境中，冲突是难以避免的，如可能源于不同的工作方式、利益分配，或者个人性格的差异。然而，冲突本身并不是问题，如何应对和解决冲突才是关键。对于中职学生来说，培养冲突解决能力可以使其在面对人际冲突时，不会因情绪失控而出现局势恶化的情况，而能够通过冷静、理智的方式寻找解决方案。解决冲突的技巧包括有效沟通、换位思考、寻找共同利益等。在课堂教学中，教师可以通过案例讨论、模拟冲突场景等方式，帮助学生掌握这些技能，并逐步建立解决问题的思维模式。

（三）跨文化交际能力

跨文化交际能力是指个人在与具有不同文化背景的人交往时，能够有效地理解、尊重和适应对方的文化差异，并在此基础上进行有效的沟通与合作。这种能力对于中职学生来说，既是职业核心素养的体现，也是他们未来适应全球化职场和跨境电商环境的必备技能。

跨文化交际能力的培养，对于中职学生进入跨境电商领域尤为重要。在跨境电商中，企业面临的客户和合作伙伴来自世界各地，其文化背景和语言习惯各不相同。如何在这样的多元文化环境中进行有效沟通，直接影响业务的顺利进行和客户的满意度。例如，不同国家和地区的客户在购物习惯、支付方式、售后服务期待等方面存在显著差异，企业只有具备跨文化敏感性，才能更好地理解和满足客户需求。对于中职学生来说，具备跨文化交际能力可以帮助他们在未来的工作中，通过准确解读客户的文化背景和沟通方式来减少误解，提高沟通效率，从而为企业创造更大的商业价值。

跨文化交际能力的培养，不仅包括语言能力的提升，还包括对文化差异的理解和尊重。虽然英语是全球化的主要商务语言，但只依赖语言能力不足以应对复杂的跨文化交际场景。不同文化中的沟通风格、行为规范和价值观有时存在很大的差异甚至冲突。例如，一些国家的商务交流更倾向于直接表达，而另一些国家的则更注重委婉和礼貌，这就要求沟通者具备足够的文化敏感度，以调整自己的沟通方式。在跨境电商中，理解文化差异对于制定市场策略和进行客户沟通具有重要作用。中职学生需要掌握如何通过观察和学习，理解不同文化的价值观和行为方式，从而在与国际客户和合作伙伴互动时，表现出对对方文化的包容与尊重。

在跨境电商领域，跨文化沟通不仅体现在对语言和文化差异的理解上，还体现对跨文化商务礼仪的掌握上。商务礼仪是跨文化交际中的重要环节，不仅会影响双方的信任度和合作关系，还关乎企业在国际市场中的形象。不同国家和地区在商务礼仪方面有各自的习惯和规则，如商务会谈的开场方式、赠送礼物的时机、电子邮件的撰写格式等都可能存在差异。掌握这些跨文化礼仪，能够帮助中职学生在未来的工作中，既可以展示出专业性，又可以避免因礼仪问题导致的文化误解和商业机会的流失。通过学习跨文化礼仪，学生能更好地适应国际化的商务环境，提升个人竞争力。

跨文化交际能力要求学生具备跨文化适应能力。这意味着他们能够在跨文化环境中，快速适应新的文化背景、工作方式和生活习惯。在跨境电商等领域，员工往往需要与来自不同国家的同伴和客户合作，因此可能涉及跨时区的沟通、不同的工作节奏及截然不同的商务习惯。这就要求员工具备足够的适应能力，能够在多变的环境中保持灵活性和应变能力。在中职教育中，可以通过国际合作项目、跨文化交流活动等方式，帮助学生提前接触不同文化背景的人和工作方式，增强他们的跨文化适应能力。

跨文化交际能力还要求学生具备解决跨文化冲突的能力。由于文化差异，在跨文化团队或跨境业务中常常会出现一些误解或冲突。例如，某些文化可能更强调集体利益，而另一些文化则更重视个人成就，这些价值观的差异可能会导致团队成员之间的矛盾。如何在跨文化团队中解决冲突，既需要学生具备敏锐的文化洞察力，又需要他们掌握有效的冲突解决策略。教师可以通过模拟跨文化冲突的情景，帮助中职学生学习如何识别冲突的根源，并通过沟通与协商来化解文化差异带来的问题。掌握了这些技巧，学生在未来的跨境电商领域就能更好地与具有不同文化背景的同伴和客户合作，推动团队和企业的成功。

跨文化交际能力的培养不仅是个体职业发展的需要，还是提升企业全球竞争力的关键。随着全球化进程的加速，越来越多的企业走向国际市场，跨文化交际能力已成为影响企业业务拓展和市场竞争的重要因素。企业只有理解不同文化背景的员工，才能更好地适应全球市场的多样性和复杂性。因此，对于中职学生来说，具备跨文化交际能力，能够为他们在未来的职场中提供更多的发展机会，尤其是在跨境电商这样的全球化领域，他们将能够通过与国际客户和合作伙伴的高效沟通，为企业带来更多的市场机会。

二、文化素养

（一）道德与法治素养

道德与法治素养是现代社会中每个公民应具备的重要素养之一。尤其对于中职学生来说，了解基本的法律常识，培养遵守法律法规的意识，懂得保护自己的合法权益，不仅关系到他们个人的发展和未来职业发展的稳定，还会影响社会的和谐稳定。在中职教育中，培养学生的道德与法治素养，不仅可以提升他们的个人素质，而且可以帮助他们在未来的职场和生活中做出正确选择，避免因法律知识的缺乏而陷入困境。

了解基本的法律常识是道德与法治素养的基础。法律是国家维护社会秩序和公平正义的基本准则，公民必须了解法律规定的基本权利和义务，这样才能在生活和工作中正确行使权利、履行义务。例如，学习《中华人民共和国劳动法》《中华人民共和国民法典》《中华人民共和国消费者权益保护法》等与人们日常生活密切相关的法律，对于即将进入社会的中职学生来说非常重要。学生应通过学校教育掌握这些基本法律知识，了解自己在职场、消费、社交等方面的权利和义务，以便在面对复杂的社会环境时，能够做出正确的判断和行为选择。

培养遵守法律法规的意识同样重要。中职学生作为未来社会的建设者，他们的行为是否合法，直接影响社会的秩序与稳定。在中职教育中，教师可以通过实际案例和情景模拟，帮助学生认识遵守法律法规的重要性。例如，教师可以通过交通安全、网络言论等实际问题，引导学生认识到违反法律可能带来的严重后果，从而帮助他们养成遵守法律法规的习惯。这种守法意识不仅体现在避免违法行为上，而且体现在学生日常生活中的每个细节上，如遵守学校纪律、尊重他人隐私等。培养学生遵纪守法的习惯，有助于他们在未来的工作和生活中形成良好的行为规范，避免因不守法而导致麻烦或纠纷。

懂得保护自己的合法权益是道德与法治素养的核心之一。在现代社会，公民的权利意识不断增强。懂得利用法律手段来保护自己是每个公民应具备的重要能力。对于中职学生来说，他们即将步入社会，面对复杂的社会环境，可能会遇到各种侵犯个人合法权益的情况，如劳动纠纷、消费纠纷、合同纠纷等。因此，学生需要通过学校教育，学会如何利用法律手段来保护自己。在这个过程中，教师可以通过具体案例，如劳动合同纠纷、消费欺诈等，教导学生如何识别自己的合法权益受到了侵犯，并学会如何通过合法途径来维权。这样的教育不仅能增强学生的权利意识，还能提升他们解决实际问题的能力，帮助他们在未来社会中更加自信地面对各种挑战。

道德与法治素养的培养不应局限于法律层面，还应注重道德教育。法律是社会的底线，而道德是法律的基础。法律只规定了公民不能做的事情，而道德则规定了公民应该做的事情。在中职教育中，教师应通过道德教育，帮助学生树立正确的人生观和价值观，引导他们自觉地遵守社会道德规范，做一个有责任感、有正义感的公民。例如，通过诚信教育，学生可以意识到在工作和生活中，诚信不仅是个人品质的体现，而且是社会交往和职场合作的基础。通过尊重他人的教育，学生可以学会在职场中尊重同伴、客户的意见和隐私，从而建立良好的人际关系。道德教育的最终目标是帮助学生在未来的生活中，既能自觉遵守法律，又能在法律的框架内追求更高的道德标准，成为一个合格的社会公民。

中职学生作为职业教育的主体，面临着即将进入社会、承担社会责任的现实挑战。因此，学校和教师都有责任在教育过程中，将道德与法治素养的培养纳入核心课程内容中，使学生能够在德育和法治教育的引导下，逐步形成正确的道德观念、行为习惯及法律意识。在这个过程中，教育应当与实际生活紧密结合，教师可以通过案例教学、模拟实践等方式，让学生在真实的情境中理解道德与法治的意义，增强他们的道德判断和行为能力，增强他们的法治意识。

（二）人文素养

人文素养是一个人全面发展的重要组成部分。它不仅包括基本的文化、历史与社会知识，还包括人们对社会责任的理解和对他人的人文关怀。对于中职学生来说，具备良好的人文素养不仅能提升个人的文化修养和社会适应能力，还能帮助他们在未来的职业发展中增强社会责任感，积极为社会做出贡献。因此，培养中职学生的人文素养是职业教育中不可或缺的环节。

具备基本的文化知识是人文素养的核心之一。文化知识涵盖文学、艺术、哲学等多个方面的内容，能帮助学生理解不同民族、不同历史时期的思想与艺术表达，从而提升他们的审美能力和文化认知。在中职教育中，虽然学生的主要任务是掌握职业技能，但文化知识的学习能帮助他们拓宽视野。通过阅读文学作品，学生可以领略人类思想的深度与丰富程度；通过欣赏艺术作品，学生可以感受到不同文化背景下的美学表达。这种文化素养的培养，不仅能提升他们的个人修养，还能增强他们在未来工作中的创造力和审美能力，使他们在职业领域中更具竞争力。

了解历史与社会知识同样是人文素养的重要组成部分。历史知识是人类文明发展的记录，而社会知识则可以帮助学生理解当下的社会结构和运行规则。通过学习历史，中职学生可以认识到历史事件对当今社会的影响，理解社会变迁的规律，从而更加理性地看待当前的社会问题。了解社会知识，可以帮助学生更好地理解自己所处的社会环境，认识到自己的社会角色和责任。在中职教育中，历史与社会知识的学习不仅有助于学生培养批判性思维，还能帮助他们树立正确的价值观。例如，通过学习中国历史，学生可以增强自己的民族自豪感和文化认同感；通过学习当代社会问题，他们可以意识到社会发展中的不平等和种种挑战，从而更加关注社会正义和公共利益。

人文关怀是人文素养的核心表现之一。在职业教育中，培养学生的人文关怀意识，能够帮助他们在未来的职业发展中更好地与他人沟通和合作。人文关怀是指个体对他人、社会及环境的关心与尊重，体现了一个人的道德情感和社会责任感。在中职学生的培养过程中，人文关怀不仅可以体现在人与人之间的互助与尊重上，还可以体现在学生对社会问题的关注上。例如，学生可以通过参与社区服务活动，理解弱势群体的需求，增强对社会不平等问题的敏感性。这种人文关怀的培养，能够帮助学生在未来的工作中更加关注同伴、客户和社会需求，展现出更强的团队合作精神和社会责任感。

具备社会责任感是人文素养的重要体现。在当今社会，个人不仅需要关注自己的发展，还需要认识到自己对社会的责任。社会责任感要求学生在做出决定时，考虑到自己的行为对社会带来的影响，并且在力所能及的范围内，积极参与社会事务，促进社会的公平与进步。在中职教育中，社会责任感的培养可以通过多种途径来进行。例如，学校可以通过开展环保主题活动、公益志愿者活动等方式，帮助学生认识到环保的重要性，培养他们的环保意识；也可以通过组织社会实践活动，帮助学生了解社会中的不公平现象，并鼓励他们为解决社会问题贡献力量。这种社会责任感的培养，不仅有助于学生成为更加合格的公民，还能增强他们在未来职场中的责任感和领导力。

人文素养的培养对于中职学生未来的职业发展有重要意义。在许多职业中，员工不仅需要具备专业技能，还需要具备一定的人文素养，以应对日益复杂的工作环境和人际关系。例如，在服务行业中，具备人文关怀的员工能更细致地为客户提供服务，提升客户的满意度；在企业管理中，具备社会责任感的员工能更关注企业的社会责任，从而推动企业的可持续发展。此外，具备良好人文素养的员工通常也具备更强的沟通能力和团队协作能力，能够更好地处理工作中的冲突与挑战。因此，培养中职学生的人文素养，能够帮助他们在未来职场中取得更好的发展。

（三）全球视野

对于中职学生而言，具备一定的全球视野，不仅能拓展他们的知识和思维广度，还能帮助他们更好地适应国际化的工作环境，理解并参与世界经济、科技和文化的发展。因此，在中职教育中，拓宽学生的全球视野是培养综合素质和核心竞争力的重要任务。全球视野要求中职学生了解世界经济的发展趋势。在经济全球化的驱动下，跨国公司、跨境电商及国际贸易等经济活动已经成为日常生活和职业世界的一部分。对中职学生而言，了解世界经济的变化趋势，掌握全球市场的运作规则，都是未来职业发展的必备能力。当前，全球化带来的经济机会使许多行业，尤其是制造业、服务业、信息技术和物流等，与全球供应链密切相关。例如，跨境电商的发展为中职学生提供了广阔的职业机会，但要在这个领域有所建树，学生需要具备对国际市场的敏锐洞察力，了解不同国家消费者的需求和消费习惯，以及掌握外汇、关税、国际物流等经济规则。

中职学生在校期间，不仅应学习国内市场的规则和行业标准，还应通过各种学习途径来了解国际市场的变化，掌握基本的国际经济知识。例如，学校可以开设相关的课程，教授世界经济基础知识，帮助学生了解世界经济发展的历史和现状，关注国际贸易、金融政策等动态。同时，教师还可以引导学生研究当前的全球经济热点问题，如中美贸易关系、全球供应链重组等，从而帮助学生从全球视角来理解国内外经济发展。

具备全球视野还要求中职学生关注科技的发展趋势。在全球化的今天，科技创新是推动经济和社会进步的重要力量。从 5G 通信、人工智能到区块链技术，全球科技的迅猛发展正在深刻改变人们的工作和生活方式。对于中职学生来说，具备一定的科技素养，了解全球科技发展的前沿趋势，不仅能提高他们的职业竞争力，还能帮助他们在未来的职业中更好地适应技术革新。

学校在教学中应通过引入全球科技发展的新动态，增强学生的科技意识。例如，教师可以通过科技专题讲座、科技新闻分享等形式，帮助学生了解全球范围内的科技创新和技术应用。与此同时，学校可以鼓励学生参与实际的科技项目或比赛，如机器人设计大赛、编程竞赛等，帮助他们将所学知识与实践结合起来。这不仅能增强学生的创新能力，还能培养他们对全球科技发展的敏感性，使他们在职业发展中能把握住技术变革带来的机遇。

除了经济和科技，文化也是全球视野的重要组成部分。在全球化进程中，不同国家和地区的文化逐渐交融，形成一个多元文化共存的世界格局。对于中职学生来说，了解不同国家和地区的文化，尊重和包容文化差异，是他们在未来职场和社会生活中能够顺利交流与合作的关键。尤其是在国际化程度较高的工作环境中，具备跨文化沟通能力和文化适应能力，能够帮助他们更好地与具有不同文化背景的客户、同伴进行沟通与协作。

在文化教育方面，中职学校应通过多种形式，帮助学生建立起对全球多元文化的认知。学校可以开设世界文化专题课程，介绍不同国家和地区的历史、语言及风俗习惯，帮助学生理解文化的多样性。同时，学校还可以组织文化交流活动，如邀请外籍教师或学生参与课堂教学，或者通过线上国际交流平台，鼓励学生与来自不同国家和地区的同龄人进行互动交流。这些活动不仅能增强学生的文化意识，还能培养他们的国际交往能力，使他们在未来的职业发展中能更加自信地应对国际合作。

全球视野的培养不应只限于知识的获取，更应包含培养学生的思维方式和行为能力。具备全球视野的学生应当具备开放包容的心态，能够从全球角度思考问题，关注世界的共同挑战，如气候变化、贫困、资源分配等全球议题，并在职业发展中寻求解决方案。学校在教育中，应通过讨论全球问题、模拟国际会议等活动，培养学生的全球责任感，激发他们参与全球事务的积极性。通过这些实践，学生能够认识到自己不仅是国家的公民，而且是世界的公民，有责任为全球的共同发展贡献力量。

第二节　中职学生的专业核心素养

一、专业知识

（一）学科基础知识

学科基础知识的掌握是培养学生专业核心素养的关键。下面以电子商务专业为例进行介绍。

学生需要深入理解电子商务的基本理论和原理，这不仅包括电商运营模式、平台管理、网络营销等核心知识，还包括电子商务的相关法规、数据分析技术及用户体验优化等方面的内容。这些知识的掌握程度将直接影响学生在实际工作中的能力和表现。

电商运营模式是电子商务的基石。学生需要了解不同的电商运营模式，如B2B（Business to Business，企业对企业）、B2C（Business to Customer，企业对消费者）、C2C（Customer to Customer，消费者对消费者）、O2O（Online to Offline，线上到线下）等。这些模式不仅涉及不同的市场定位和业务策略，还涉及相应的运营流程、供应链管理、客户服务等。通过掌握这些基础理论，学生可以更好地分析不同电子商务平台的优势和劣势，从而在未来的职业发展中选择适合自己的业务模式，或者为企业提供有效的运营建议。

平台管理是电子商务另一个重要的基础知识领域。学生需要了解如何搭建和维护电子商务平台，包括平台的技术架构、内容管理系统、用户界面设计等。平台管理不仅包括技术层面的知识，还需要对平台的安全性、稳定性和扩展性进行掌握。此外，学生还需要了解如何通过数据分析和用户反馈来优化平台的功能和用户体验，从而提升平台的竞争力。

网络营销是电子商务中不可或缺的一个领域。学生需要掌握各种网络营销策略，如搜索引擎优化（Search Engine Optimization，SEO）、搜索引擎营销（Search Engine Marketing，SEM）、社交媒体营销、电子邮件营销等。要掌握这些策略，不仅需要了解其基本原理和操作方法，还需要能根据市场需求和用户行为数据进行调整与优化。网络营销的成功与否直接影响电商企业的销售业绩和品牌形象，因此，学生必须具备良好的营销策略制定和实施能力。除了这些核心知识，学生还需要对电子商务相关的法律法规有一定的了解。

随着电子商务的发展，各国对电商交易的监管也逐渐严格，涉及消费者权益保护、数据隐私保护、知识产权保护等多个方面。学生需要熟悉这些法律法规，以确保在实际操作中遵守法律要求，维护企业和消费者的合法权益。数据分析技术在现代电子商务中扮演着重要角色。学生需要掌握如何通过数据分析工具和方法来分析市场趋势、用户行为、销售数据等。这不仅有助于制定有效的市场策略，还能为企业的决策提供科学依据。学生只有具备数据分析能力，才能在未来的工作中更加准确地预测市场变化，并做出相应的调整，从而提升工作效率和业务绩效。

用户体验优化是电子商务成功的关键因素之一。学生需要了解如何通过用户调研、体验设计、界面优化等手段来提升用户的购物体验。良好的用户体验不仅能提高用户的满意度和忠诚度，还能提高销售转化率。学生应具备用户体验设计的基本知识，并且能够在实际操作中运用这些知识，只有这样才能提升电子商务平台的用户满意度和市场竞争力。

（二）行业标准和规范

行业标准与规范在专业核心素养中十分重要，下面以机械专业为例进行介绍。机械行业的标准、流程和法律法规不仅决定了产品的设计、制造和质量控制，还直接影响工程项目的实施和管理。因此，中职学生必须掌握行业标准和规范，以便在实际工作中能够有效运用，提高工作质量，确保工程安全，满足客户需求。

机械行业的技术标准是中职学生必须熟悉的基础内容。技术标准包括国家标准、行业标准及企业标准等，这些标准涵盖从材料选用、零部件制造到整机装配的各个方面。例如，国际标准化组织（International Organization for Standardization，ISO）和国家标准（GB）等规定了机械产品的技术要求、测试方法和质量控制措施。学生需要了解这些标准的具体内容和应用范围，掌握如何在设计和生产过程中遵循这些标准，以确保产品的性能和安全性符合规定要求。

在实际操作中，学生应熟悉行业流程，如产品开发流程、生产流程和质量管理流程。产品开发流程包括市场调研、需求分析、设计开发、原型测试等环节。学生需要了解各个环节的工作内容和要求，掌握如何在各个阶段进行有效的沟通和协作，以提高项目的效率和成功率。质量控制不仅涉及产品的检测和检验，还涉及生产过程中的质量管理和改进措施。学生需要学习如何使用各种测量工具和检测设备，掌握常见的质量管理方法，如统计过程控制（Statistical Process

Control，SPC）、故障模式与影响分析（Fault Modes and Effect Analysis，FMEA）等，以有效监控和提升产品质量。此外，学生还需要了解对于不合格品的处理和纠正措施，以降低生产中的质量风险。

在法律法规方面，机械专业的学生需要了解与机械行业相关的法律法规，如《中华人民共和国安全生产法》《中华人民共和国环境保护法》《中华人民共和国劳动法》等。这些法律法规规定了机械生产和使用过程中的安全要求、环保要求及劳动权益保障等。学生应熟悉这些法律法规的基本内容，掌握如何在实际工作中遵守相关规定，以确保生产过程的合法性和安全性。同时，了解法律法规有助于学生在未来的工作中避免法律风险，维护企业的合法权益。机械行业还涉及国际化的标准和规范。随着全球化的发展，许多机械产品需要符合国际市场的标准，如CE认证、UL认证等。因此，学生需要了解这些国际标准的基本要求和认证流程，掌握如何在设计和生产过程中符合这些国际标准，以便在国际市场中获得认可和竞争优势。

二、职业道德

（一）职业责任感

在职业发展中，职业责任感是每个专业人士的必备素质，尤其在会计等需要高度精确和诚信的职业中，这种素质显得尤为关键。下面以中职会计专业为例进行介绍。

对于中职会计专业的学生来说，具备强烈的职业责任感意味着他们不仅要严格遵守财务法规，还要确保财务数据的准确性和真实性，从而为企业和社会提供可靠的财务信息。职业责任感主要体现在对工作的认真态度和对细节的严格把控上。会计工作涉及大量的财务数据和报表，任何一个小小的错误都可能引发严重的后果。因此，学生必须养成细致入微的工作习惯，对每项财务数据和每个计算步骤都保持高度的专注。通过认真核对数据、仔细审核账务记录确保每笔交易的凭证和记录都准确无误，学生能够有效防止错误的产生，并确保财务报告的真实性和完整性。这种职业责任感不仅体现在日常的账务及时处理上，还体现在对突发问题的迅速反应和妥善处理上。

职业责任感还体现在对财务法律法规和标准的严格遵守上。会计工作必须符合国家和行业的财务法律法规，如《中华人民共和国会计法》《企业会计准则》等。这些法律法规和标准规定了财务报告的编制方法、审计程序及信息披露的要求，学生需要仔细学习并理解这些规定，以确保在工作中不违反相关法律法规。此外，学生还应保持对新法规、新标准的关注，并及时更新自己的知识储备和技能，以确保在实际工作中能够准确应用最新的财务规范和要求。

在职业实践中，敬业精神是另一种表现出职业责任感的重要方式。会计专业的工作往往需要长时间的专注和高强度的负荷。学生需要具备良好的工作习惯和强烈的责任感，积极投入每项工作任务中，并且在面对工作中的挑战和压力时，能够保持积极的工作态度和解决问题的能力。敬业精神不只是完成日常任务，更是在面对复杂问题时的主动解决、在出现困难时的坚持不懈。学生应通过实践积累经验，提高自己的职业素养，以便在未来的工作中能够以高度的敬业精神对待每个项目。

职业责任感还包括对公司和团队的忠诚。会计工作不仅是个人的职责，还涉及团队协作和公司利益。学生需要学会与团队成员进行有效沟通、分享信息、协同工作，并在工作中支持和帮助其他成员。通过这种协作精神的培养，学生能够提升团队的整体效率，促进团队目标的实现。同时，在涉及公司机密和财务信息时，学生必须严格保守秘密，确保信息的安全性和保密性，这也是职业责任感的重要体现。

职业责任感还体现在对自我职业发展的不断追求上。学生应积极参与相关的培训和继续教育，不断提升自己的专业知识和技能水平，以应对行业的发展和挑战。通过不断学习和进修，学生能够保持与行业发展同步，提高自己的专业能力，从而更好地履行职业责任，并为未来的职业发展奠定坚实的基础。

（二）工作态度

在任何职业领域中，工作态度都是决定职业发展和个人成功的重要因素。在中职教育中，帮助学生养成认真负责、积极主动、合作共赢的职业态度，对他们未来的职业发展非常重要。对于中职学生而言，这种职业态度不仅是个人职业素养的体现，而且是团队合作和工作效果的关键。

养成认真负责的工作态度意味着学生在工作中对每项任务都抱有高度的责任感。这种态度要求学生不仅要完成自己的工作职责，还要确保工作的质量和准确性。认真负责的工作态度体现在学生对工作细节的重视上。无论是处理文档、执行操作还是分析数据，学生都需要仔细核对每个细节，避免因疏忽或粗心导致的错误。学生还应对工作中遇到的问题和挑战保持积极的态度，主动寻求帮助和解决方案，而不是回避困难或推诿责任。凭借这种认真负责的态度，学生能够在实际工作中展现出高水平的专业能力和可信赖的工作风范。

积极主动是工作态度中的另一个重要方面。积极主动的学生不会只满足于完成规定的任务，而是会主动寻找机会，提升自己的工作表现。他们还会主动提出改进建议、参与项目讨论，并积极承担额外的责任。这种主动性不仅能提升个人的工作能力，还能为团队和组织带来新的活力与创意。学生在工作中应主动学习新知识、新技能，积极参与各种培训和实践活动，不断提高自身的专业素养和综合能力。积极主动的工作态度能够帮助学生在职业发展中不断进步，赢得上级和同伴的认可。

合作共赢的态度强调的是在团队中发挥作用，推动团队的整体进步和成功。在团队工作中，学生需要学会与团队成员进行有效沟通，协调各方的意见和需求。良好的沟通能力不仅包括清晰地表达自己的观点，还包括积极倾听他人的意见，尊重团队成员的贡献。学生应在团队中发挥自己的特长，帮助团队实现共同的目标，同时也要善于协调各方，化解矛盾，推动团队的合作。合作共赢的态度要求学生在团队中既要关注自己的任务，也要关注团队的整体进展，努力实现个人与团队的双赢。合作共赢的态度还体现在对团队成果的分享上。学生在完成团队项目时，不应只关注个人的表现和成绩，而应共同庆祝团队的成功，分享成功的经验和喜悦。这种态度不仅有助于增强团队的凝聚力，还能激励团队成员继续努力，争取更大的成就。凭借这种合作共赢的态度，学生能够在团队中建立良好的工作关系，营造和谐的工作氛围，提高团队的整体效率和创造力。

（三）职业安全意识

职业安全意识是所有职业领域中都不可或缺的重要素质，尤其在化工等涉及高风险操作的专业中，这种意识显得尤为重要。中职学生在学习和实践过程中，必须具备基本的安全生产意识，能够识别并有效应对工作中的潜在安全风险。下面以化工专业为例进行介绍。

对于化工专业的学生来说，掌握危险化学品的安全操作知识不仅是确保个人安全的基础，而且是维护生产环境安全和保障他人健康的必要条件。

职业安全意识的培养离不开对安全生产知识的系统学习。化工专业的学生需要了解各种危险化学品的性质、使用方法和存储要求，其中包括掌握化学品的安全数据单（Safety Data Sheet，SDS）的内容，如化学品的物理化学性质、健康危害、环境影响、应急处理措施等。学生必须根据这些信息正确操作化学品，防止因误用或不当操作造成事故。例如，一些化学品在高温环境下可能会释放有毒气体，而另一些化学品可能会在接触空气或水时发生剧烈反应。因此，学生需要学习如何在实验和生产过程中严格按照操作规程进行，以确保化学品的安全使用。

学生应具备识别和应对工作中潜在安全风险的能力。这包括对工作环境进行风险评估，并采取相应的预防措施。在化工生产中，常见的安全风险包括设备故障、化学品泄漏、火灾等。学生需要学习如何通过定期检查和维护设备，确保其正常运转，防止因设备故障引发的安全问题。此外，在化学品的存储和运输过程中，学生应了解如何防止泄漏和污染，并掌握应急处理方法，如使用吸附材料清理泄漏，进行适当的废物处理等。通过对潜在风险的识别和管理，学生能够有效防范和应对突发的安全事故，保护自己和他人的安全。

在化工专业中，安全操作规程的遵守也是职业安全意识的重要体现。学生应学习并严格遵守实验室和生产车间的安全操作规程，包括穿戴个人防护装备（Personal Protective Equipment，PPE）、遵守操作流程、正确使用安全设备等。穿戴个人防护装备（如防护眼镜、手套、实验服等）能有效减少化学品对身体的伤害，而安全设备（如通风柜、灭火器等）则能在处理紧急情况时发挥关键作用。学生需要在实际操作中养成良好的安全习惯，如在操作前检查设备、确保实验室通风良好等，以减少安全隐患。

学生还应培养应急处理能力，以便在发生意外时能够迅速采取有效措施。应急处理能力包括对事故的迅速判断、采取初步应对措施、及时报告和协助专业人员处理事故等。学生需要学习如何应对化学品泄漏、火灾、爆炸等突发事件，并掌握基本的急救知识，如对化学品灼伤的处理方法、急救措施等。在实际操作中，学生应参加应急演练，熟悉应急处理程序和安全疏散路线，以确保在紧急情况下能够冷静应对，减少事故的损失和影响。

职业安全意识的培养还包括对安全法规和标准的理解与遵守。化工专业的学生需要了解国家和地方的安全生产法律法规，如《中华人民共和国安全生产法》《危险化学品安全管理条例》等。这些法律法规规定了化学品在管理、生产过程中的安全要求以及事故处理的规范，学生要熟悉这些规定，以确保在工作中符合法律要求，维护自身和他人的安全。

三、职业发展规划

（一）职业发展规划能力

职业发展规划能力是每个人职业发展的重要保障，尤其对于中职学生来说，具备这项能力不仅能帮助他们更好地规划未来职业路径，还能提升他们的就业竞争力。职业发展规划能力涵盖对自身兴趣和能力的认识、对行业需求的了解，以及制订合理的职业发展计划等方面。通过系统的职业规划，学生能够明确自己的职业目标，制定具体的行动步骤，并不断调整和优化自己的职业发展策略，以适应不断变化的职业市场和个人发展需求。

职业发展规划能力的核心是对自身兴趣和能力的深刻认识。中职学生需要通过自我评估和探索，了解自己的兴趣爱好、优势技能及发展潜力。这可以通过职业兴趣测试、技能评估和个人反思等方式来实现。例如，学生可以通过参与不同类型的实践活动和项目，发现自己在特定领域的兴趣和优势。在了解自己的兴趣和能力以后，学生可以更有针对性地选择相关的职业方向，从而确保所制订的职业发展计划符合自身的实际情况和发展潜力。

了解行业需求是职业发展规划的重要组成部分。学生需要关注相关行业的发展趋势、岗位需求和技能要求，这可以通过行业调研、职业咨询、实习等方式来获取。通过了解行业的动态，学生可以识别出未来的职业机会和发展方向，从而做出明智的职业选择。例如，一些行业可能会对特定技能或专业知识有较高的需求，而另一些行业可能会面临技能短缺或市场萎缩的问题。学生应根据行业需求的变化，调整自己的职业规划，以便在就业市场中保持竞争力。

制订合理的职业发展计划是职业发展规划能力的关键步骤。学生在制订职业发展计划时，应结合自身的兴趣、能力和行业需求，设定明确的职业目标，并规划实现目标的具体路径。职业目标通常包括短期目标和长期目标。短期目标可以是获得特定的资格认证、完成相关的培训课程或积累一定的实习经验；长期目标则可能涉及职业晋升、转型或自主创业等。学生应根据这些目标，制定详细的行动步骤，如规划学习进修、获取相关工作经验、建立职业网络等，以确保逐步实现职业目标。

职业发展规划能力还包括对职业发展计划的不断调整和优化。学生应定期评估自己的职业发展进展，分析当前的职业状态和市场变化，及时调整和优化自己的职业规划。例如，学生可以通过定期的自我评估和职业咨询，了解自己在职业发展中的优势和不足，调整学习和工作策略，以更好地适应市场需求和个人兴趣的变化。灵活调整职业发展计划，能够帮助学生应对职业发展中的各种挑战，最大限度地实现长期职业目标。

建立和维护职业网络是职业发展规划中的重要环节。通过积极参与行业交流活动、加入专业组织、拓展人脉关系，学生可以获得更多的职业机会和资源支持。职业网络不仅能提供职业信息和建议，还能帮助学生建立联系，获取推荐和支持，促进职业发展。学生应主动参与行业活动，扩展自己的职业圈子，积累职业资源，为未来的职业发展奠定坚实的基础。

（二）就业与创业意识

就业意识包括具备基本的职业素质和技能，能够顺利进入职场并适应工作要求；而创业意识则包括培养创新思维和开展业务的能力，能够在某些专业领域开创和发展自己的事业。对于中职学生而言，兼具这两方面的能力将极大地提升他们的职业竞争力，并为其未来的职业发展打开广阔的空间。

具备基本的就业素质是学生进入职场的前提，其中包括职业技能、沟通能力、团队合作能力及问题解决能力。职业技能是指学生在其专业领域内的基本能力。例如，化工专业的学生需要掌握化学实验操作、数据分析及安全操作规程等技能，会计专业的学生需要具备财务报表编制、账务处理和财务分析等能力。学生需要通过系统的课程学习和实践活动，掌握这些基本的职业技能，以满足用人单位的需求。良好的沟通能力和团队合作能力也是就业的重要素质。在实际工作中，学生不仅要能与同伴进行有效沟通，还要能在团队中发挥作用，协同完成工作任务。学生应学习如何清晰地表达自己的观点、听取他人的意见、处理团队中的矛盾，并积极参与团队合作。问题解决能力是指在面对工作中的挑战和困难时，能够迅速分析问题并采取有效措施的能力。这些能力的培养有助于学生在职场中迅速适应环境，提升工作质量和效率。

在某些专业领域，学生还需要培养创业意识，以便能够在未来的职业发展中开创自己的事业。创业意识涉及创新思维、市场分析、商业计划制订等方面。创新思维是创业意识的核心。学生需要具备发现市场机会的能力，并且能够提出新颖的商业想法或产品概念。通过对市场需求进行分析，学生可以识别出潜在的商业机会，设计出有市场竞争力的产品或服务。创新思维不只是对现有业务进行改进，也包括对全新领域进行探索和尝试。

市场分析是创业成功的重要步骤。学生需要了解市场的需求、竞争态势、消费者行为习惯等信息。这可以通过市场调研、数据分析等方式来进行。学生应学习如何收集和分析市场数据，评估商业机会的可行性，以及制定科学的商业策略。通过了解市场动态，学生能够做出明智的决策，降低创业风险，提高创业成功的可能性。

商业计划的制订也是创业意识的重要组成部分。学生需要学会撰写详细的商业计划书，该计划书应涵盖市场分析、产品定位、营销策略、财务预测等内容。商业计划书不仅能帮助学生厘清创业思路，还能为创业融资和资源获取提供依据。学生可以通过参与实践项目、模拟创业等活动，提升自己撰写商业计划的能力，确保创业计划的可行性和可操作性。

创业意识还包括风险管理和资源整合能力。在创业过程中，难免会遇到各种风险，如市场风险、财务风险、运营风险等。学生需要学习如何识别和评估这些风险，并制定相应的风险应对策略。此外，资源整合能力涉及利用现有资源和建立合作伙伴关系，以支持创业业务的发展。学生要学会如何寻找和整合各种资源，如资金、技术、人才等，以促进创业项目的成功实施。

第三节　中职学生的创新能力

中职教育旨在为社会培养具有职业技能和实际操作能力的应用型人才，而创新能力则是这些人才在职场中脱颖而出的核心竞争力。创新不仅能提升个人的职业竞争力，还能推动整个行业的发展和进步。因此，重视并加强中职学生创新能力的培养，不仅是教育的要求，而且是社会和经济发展的迫切需要。在现代职场中，用人单位越来越重视员工的创新思维和问题解决能力。具备创新能力的学生能够在工作中提出新颖的想法和解决方案，显著提高工作效率，从而在竞争激烈的就业市场中占据优势。

创新能力的培养有助于中职学生适应快速变化的社会和科技环境。随着科技的不断发展，许多传统行业和岗位正在发生深刻变化，新的职业机会不断涌现。具备创新能力的学生能够灵活应对这些变化，及时调整自己的知识和技能结构，抓住新的发展机会。

创新能力的培养对于中职教育本身也具有重要意义。通过创新能力的培养，教育机构可以提升教学质量，激发学生的学习兴趣和主动性，培养学生的批判性思维和综合素质，从而全面提高中职教育的水平。

一、创新意识的概念

创新意识是指个体在面对问题和挑战时，能够产生新的想法、方法或解决方案的心理状态和能力。它不仅涉及思维方式的转变，还涉及对传统观念的突破与创新行动的实施。根据美国心理学家吉尔福特的创造性理论，创新意识与创造性思维紧密相关，主要表现为流畅性、变通性、独创性和精致性的能力。吉尔福特认为：流畅性是指个体能够快速产生大量想法；变通性是指个体能够从不同的角度看待问题，并提出多种解决方案；独创性是创新的核心，是指个体能够提出与众不同、前所未有的想法或方案；精致性是指个体在思考和实践中注重细节，能够不断完善自己的创意或方案。

斯坦伯格的智力三元论也为创新意识提供了理论支撑。智力三元论包括分析性智力、创造性智力和实践性智力，其中创造性智力直接关系到个体的创新意识。斯坦伯格认为，创造性智力使个体能够产生新颖且有效的解决方案，进而推动创新的实现。

结合这些理论，创新意识可以理解为一种综合能力，既包括个体的认知能力，也包括其情感和动机因素。这种意识促使个体在解决问题时不局限于传统的思维模式，而是积极探索新的可能性，并将其转化为实际行动，从而推动个人和群体的创新与发展。

中职学生的创新意识是指他们在学习和生活中对新事物、新思想、新方法的敏感性，以及主动探索、发现和解决问题的能力。这种意识表现为学生愿意打破常规，尝试不同的思维方式和操作方法，积极寻求提高现有知识水平与技能的机会。创新意识不仅是思维上的开放性，而且是实践中的创造力，鼓励学生在职业教育中培养独立思考、勇于尝试和持续改进的精神，以适应未来社会和职业发展的需求。

二、创新能力的概念

创新能力是指个体或群体在面对新问题、新环境或新需求时，能够产生独特、有效的解决方案并将其付诸实施的综合能力。创新能力不仅包括创造性思维的能力，还包括创新人格、创新思维，以及相关的知识和技能的有机结合。国内外众多学者对创新能力的构成和发展提供了理论支持。美国心理学家吉尔福特在其创造性理论中提出，创新能力包括多方面的心理特质，如流畅性、变通性、独创性和精致性。他认为，这些心理特质共同构成了创造性思维的核心，而创造性思维是创新能力的基础。吉尔福特的创造性理论强调，创新能力不仅指新想法的产生，还指将这些想法整合并转化为实际应用的过程。

美国心理学家艾曼贝尔在其成分理论中进一步丰富了对创新能力的理解。她指出，创新能力是由三个关键要素构成的：与领域相关的技能、创造性思维技能，以及内在动机。艾曼贝尔的理论强调，创新能力不仅依赖个体的认知能力，还包括人格特质和环境因素的影响。她认为，创新人格是创新能力的重要组成部分，表现为个体对新事物的好奇心、冒险精神和对挑战的接受度等人格特质。在国内，黄希庭教授在其研究中也指出，创新能力包括创新人格、创新思维和创新技能三个方面。黄希庭教授认为，创新人格是创新能力的基础，涉及个体的好奇心、独立性、自信心和冒险精神等特质；创新思维是指个体在解决问题时，能够打破常规思维模式，提出新颖的、有效的解决方案；创新技能是指个体在特定领域中掌握的专业知识和技术，能够有效支持创新思维的实现。

三、创新意识、创新能力与核心素养的关系

（一）创新意识与创新能力的关系

创新意识与创新能力之间存在密切的关系，可以说创新意识是创新能力发展的内在动力和基础。创新意识促使个体或群体对现有方式和解决方案质疑，并激励其寻找和探索新的、有效的方法。这种好奇心和求知欲是创新能力的基础。创新意识使个体更倾向于接受和探索不同的观点、新的理念和技术。这种开放性的态度为创新能力的发展提供了必要的环境和心理准备。

创新意识不只停留在理念和理论层面，更重要的是可以激发个体将新的思想和方法付诸实践，并在实际应用中不断优化和完善。创新能力通过将创新意识引导的想法变成实际成果来体现。创新意识不仅包括提出新想法，还包括对这些想法进行批判性评估和分析。创新能力通过批判性思维帮助个体筛选和优化创新想法，从而确保最终的解决方案能够有效地解决问题并创造价值。创新意识促使个体保持持续学习的态度，不断吸收新知识和新技能。创新能力通过将学到的新见解和新信息应用到实践中，推动个体在创新领域不断进步和成长。

（二）创新能力与核心素养的关系

创新能力与核心素养之间存在紧密的关系，可以理解为创新能力是核心素养在特定领域或能力上的具体表现和应用。核心素养涵盖个体在多方面的能力和素养，如批判性思维、沟通能力、问题解决能力等。创新能力是在这些核心素养的基础上，特别是在创造性思维、实践能力和创新意识方面的具体展现。创新能力依赖核心素养中的创造性思维，能够在面对问题或机遇时产生独特且富有创意的解决方案。核心素养为创新能力提供了思维的基础和灵感来源。

四、中职学生具备创新能力的重要性

（一）满足社会经济发展的需求

1. 适应行业变革

随着科技的快速发展和全球化的加速，许多行业正面临前所未有的深刻变革。在这个变革的时代背景下，中职学生如果具备创新能力，那么能更好地适应和应对行业变革，掌握新的方法和技术，从而在竞争激烈的环境中保持竞争力和发展空间。科技发展带来的行业变革为中职学生带来了新的挑战和机遇。例如，在制造业中，随着工业 4.0 的推进，自动化、物联网、大数据等新技术正在深刻地改变生产方式和管理模式。具备创新能力的中职学生能敏锐地捕捉到这些变化，学习和掌握相关的新技术与新工具，如学习使用工业机器人、编程控制系统，可以在工作中提升效率、降低成本，为企业创造更多的价值。全球化的加速和市场竞争的加剧要求中职学生具备跨文化沟通能力和国际化视野，这同样需要创新能力的支持。在国际贸易和服务行业中，全球供应链的构建和管理变得越来越复杂，这需要中职学生能够运用创新思维，提出适应不同市场和文化背景的解决方案，如开发多语言服务平台、制定国际市场推广策略等，以增强企业在全球市场中的竞争力。

创新能力还有助于中职学生在面对行业变革时更好地适应和应对市场需求的变化。例如，在零售行业，随着消费者购物行为的数字化和个性化需求的增加，企业需要快速调整商品推广和销售策略。具备创新能力的中职学生可以通过分析消费趋势和市场数据，提出针对性更强的营销方案和客户服务策略，以提升消费者的满意度和忠诚度，最终在激烈的市场竞争中脱颖而出。

创新能力还能帮助中职学生在面对行业变革时实现个人职业发展的突破。随着新兴行业和职业的出现，如人工智能、大数据分析、绿色能源等，具备创新能力的中职学生可以积极学习和掌握相关技能，迅速适应新兴行业的发展趋势，成为该领域的专业人才。例如，某中职学校电子商务专业的学生通过自学掌握了人工智能和大数据分析技能，利用这些技术可以优化电子商务平台的市场营销策略。在电子商务平台上运用人工智能推荐算法，可以提升个性化推荐的精准度，以及客户的购物体验和平台的销售额。通过大数据分析，学生还能预测市场趋势，调整产品推广策略，从而使店铺在激烈的市场竞争中脱颖而出。创新能力不仅是中职学生适应行业变革的技能，而且是提升个人竞争力的重要因素。具备创新能力的中职学生通常能在工作中表现出色，通过解决问题和创新思维，为企业带来实际的业务成果和经济效益，从而获得更多的晋升机会和更大的职业发展空间。

2. 推动经济发展

中职学生通过培养和发展创新能力，能够在工作中发挥重要作用，为社会经济的持续发展贡献力量。创新能力使中职学生能够在技术升级中发挥积极作用。随着科技的迅速发展，各行各业都面临着新技术的引入和应用，这不仅包括先进的制造技术，还包括信息技术、生物技术等。具备创新能力的中职学生能够在工作中积极探索和应用新技术，如在电商领域，他们可以利用其创新能力开发新的销售策略和市场推广方法，优化在线平台的用户体验，从而促进企业的业务增长和市场份额扩大。这种创新能力不仅对个人职业发展有益，还能为企业带来持续的竞争优势。

创新能力有助于中职学生在工作中实现效率的持续提升。在现代经济中，效率是企业能否长期生存和发展的关键因素之一。具备创新能力的中职学生能够通过改进工作方法、优化资源配置、提升服务质量等方式，有效提升工作成效。例如，在服务行业中，中职学生通过引入智能化客户服务系统或者开发便捷的移动应用程序，可以大幅提升服务效率和客户满意度，推动企业业绩的稳步增长。

创新能力还能帮助中职学生发现和创造新的商业机会。在竞争激烈的市场环境中，企业需要不断创新来适应消费者需求的变化和应对市场竞争的挑战。具备创新能力的中职学生可以通过市场调研、消费者洞察和产品创新，发掘新的市场需求和商业机会。例如，中职学生通过分析市场趋势和消费者购物行为，提出并实施针对性更强的营销策略和产品推广方案，可以帮助企业开拓新的市场份额和增长点。

创新能力的培养既对中职学生个人有益，也对整个社会的经济发展具有深远的影响。具备创新能力的中职学生不仅能在工作中表现突出，而且能成为社会进步的推动者和引领者。他们通过不断创新实践，可以推动企业的发展，进而促进整个行业的技术革新和经济效益的提升。

（二）满足个人职业发展的需求

1. 职业适应能力

职业适应能力是指一个人在面对职业环境中的各种变化和挑战时，能够迅速调整并成功应对的能力。这种能力在现代职场中显得十分重要，尤其对于中职学生而言，具备职业适应能力不仅能帮助他们顺利完成从学业到职场的过渡，还能帮助他们在职业发展中不断成长和进步。而在职业适应能力的诸多要素中，创新能力尤为关键。具备创新能力的中职学生能快速地适应职场中的各种变化和挑战，灵活地调整工作方法，运用创新思维解决问题，从而在工作中表现出色，提升职业适应能力。

（1）创新能力是应对职场变化的重要武器。现代社会和职场环境瞬息万变，新技术、新模式、新观念层出不穷，只有具备创新能力的人，才能在这种快速变化中站稳脚跟。中职学生通过在校期间的专业学习和实践，可以初步掌握专业技能，但要想在实际工作中游刃有余，必须具备一定的创新能力。例如，生产流程和技术手段经常会有新的改进，具备创新能力的中职学生能够快速掌握新技术，并将其应用到实际工作中，提升产品质量和生产效率。

（2）创新能力可以提升中职学生解决问题的能力。在工作中，问题和挑战都是不可避免的，如何有效地解决问题是职业成功的关键。中职学生通过培养创新思维，可以打破常规思维模式，从不同的角度看待和分析问题，找到更有效的解决方案。例如，在服务业中，面对客户提出的各种需求和投诉，具备创新能力的中职学生能够迅速反应，根据具体情况提供个性化的服务方案，既满足了客户需求，又提高了客户满意度。

（3）创新能力有助于中职学生提升自身的职业竞争力。在职场中，具备创新能力的员工往往能够脱颖而出，获得更多的职业发展机会。对于中职学生来说，具备创新能力不仅有助于他们适应职场变化，而且有助于他们展示个人能力和价值。通过在工作中不断创新，中职学生可以不断积累经验，提升自己的专业素养和工作能力，从而在激烈的职场竞争中占据优势。例如，在信息技术行业，掌握新技术并将其应用到实际项目中，能够显著提升个人的职业竞争力。

2. 竞争优势

（1）提出新颖想法。具备创新能力的中职学生能够以独特的视角和问题解决能力脱颖而出，为自己赢得职场上的尊重和认可，甚至是晋升和加薪的机会。创新能力赋予中职学生在工作中提出新颖想法和解决方案的能力。在现代企业中，创新不再局限于科技行业，而是贯穿各个行业的核心竞争力。中职学生如果能在日常工作中通过创新的思维方式，提出改进现有流程或者开发新产品的想法，那么会显著提升团队的效率和业务的竞争力。例如，在销售行业，具备创新能力的中职学生可以通过分析市场数据，提出个性化的销售策略，有效提升客户满意度和销售业绩。

（2）感知行业和市场的变化。创新能力使中职学生能更快速地适应和应对职场中的各种挑战与变化。职场环境的动态性和不确定性意味着中职学生需要具备灵活性和应变能力。通过培养创新能力，他们可以更加敏锐地感知行业和市场的变化，及时调整自己的工作策略和方法，保持竞争优势。例如，在快速发展的科技行业，新技术的出现和市场的变化极为频繁，具备创新能力的中职学生能够快速学习和掌握新技术，并结合实际需求提出具有创新性的应用方案，为企业在市场竞争中赢得先机。创新能力不仅体现在技术和产品层面，也体现在解决问题和推动业务发展的能力上。中职学生能够在面对复杂问题时提出跨界、多维度的解决方案，为团队和企业带来新的发展机会。例如，在管理领域，具备创新能力的中职学生可以通过优化组织结构、改进工作流程或者引进新的管理理念，提升团队的执行效率和工作质量，从而获得上级的认可和推荐。

（3）有助于中职学生在职业发展中不断积累经验和提升能力。在学习和工作的过程中，中职学生通过参与创新项目或者跨部门的合作，能够拓宽自己的视野，学到更多的知识和技能，积累宝贵的实战经验。这些经验不仅可以丰富学生的个人履历和能力，还可以为其未来的职业发展奠定坚实的基础。例如，在跨国公司中，具备创新能力的中职学生可以通过参与国际项目或者跨文化团队的合作，学习不同国家和地区的商业实践与管理模式，为自己的职业发展创造新的可能性。

（4）增强中职学生的自信心和职业魅力。在面对挑战和竞争时，通过创新思维获得成功的中职学生往往表现出更强的自信心和领导力。他们乐于接受新的挑战，愿意尝试不同的方法，因而更具有吸引力和影响力，成为团队中的关键人物。例如，在团队合作中，具备创新能力的中职学生可以充当领导者或者关键推动者的角色，通过领导团队解决复杂问题或者推动重大项目的实施，展现出自己的领导才能和影响力。

（三）满足自我实现的需求

1. 发现自我价值

通过参与各种创新活动和实践项目，学生不仅能展示和提升自己的能力，还能更清楚地认识到自己的兴趣和特长，从而在创新过程中找到自身的定位，明确未来的发展方向。这个过程不仅对于个人成长非常重要，还有助于其在未来的职业发展中为社会发展贡献自己的力量。通过创新活动和项目，学生有机会接触多样化的领域和任务，这些都能激发他们的兴趣和创造力。无论是参与科技创新竞赛，还是在创业项目中策划和实施，学生都能在实践中发现自己在特定领域的兴趣和优势。例如，一些学生可能在编程和技术开发方面表现出色，而另一些学生则可能在设计和艺术创意方面具有天赋。通过参与这些实践活动，学生能够明确自己的兴趣所在，并在此基础上发展自己的特长。

创新活动和项目可以为学生提供展示和验证自我能力的平台。在这些实践中，学生需要运用所学的知识和技能，解决实际问题，进行创意构思和技术创新。在这个过程中，学生不仅能发现自己的潜力，还能通过实际成就和反馈，增强自信心和成就感。例如，学生在完成一个创新项目或成功解决一个技术难题后，会更清楚地认识到自己在该领域的专长和价值，从而激发其进一步探索和发展的动力。

参与创新活动有助于学生明确个人的发展方向和职业规划。在实践中，学生可以与行业专家、导师和同伴进行深入交流，了解行业发展趋势和职业需求，进而制定个人发展规划。例如，通过参加职业规划讲座、实习和到企业参观，学生能更好地了解自己感兴趣的职业领域和未来的发展前景，从而制定出明确的学习和职业发展目标。这种清晰的方向感和目标感，是学生不断进步和取得成功的重要动力。

创新活动和项目还有助于培养学生的团队合作精神和社会交往能力。在实际的项目合作中，学生需要与同伴共同讨论、协作解决问题，这不仅可以锻炼他们的沟通能力和团队协作能力，还可以帮助他们学会在多元化的团队中找到自己的角色和价值。例如，团队中的每个成员可能都有不同的专长和视角，因此通过有效地沟通与协作，学生能够在团队中发挥自己的优势，提升整体的创新能力和项目执行力。

2. 实现个人梦想和目标

中职学生通过培养创新能力，不仅能在学术和职业发展中脱颖而出，而且能实现个人梦想和目标。创新能力不只是一种技能，还是一种思维方式和能力，能够为学生开辟通往成功的道路。创新思维赋予了学生勇气和能力去探索新领域。在快速变化和充满不确定性的时代，传统的解决方法和方案已经不能完全适应现代社会的复杂挑战。培养创新能力可以让学生突破固有的思维模式，勇于挑战和尝试新的理念和方法。例如，具备创新能力的中职学生可能会在技术应用或商业模式上提出前所未见的想法，从而在行业中脱颖而出，实现自己的职业目标。

创新能力使学生能够提出独特的解决方案。面对各种复杂的问题和挑战，具备创新思维的学生不会局限于传统的解决方案，而是会通过新的视角和具有创意的方法来解决问题。例如，一个学生可能会运用跨学科的思维，结合技术和设计，提出具有创新性的产品或服务，从而实现市场的突破和个人的成功。

创新能力可以培养学生的实践能力和执行力。创新并非空想，而是需要通过不断实践和执行来实现的。中职学生在参与实践活动和创新项目的过程中，不仅能学到理论知识，还能锻炼自己的项目管理能力、团队合作能力和问题解决能力。这些实践经验不仅能增强学生的竞争力，还能为他们实现个人梦想和目标奠定坚实的基础。

创新能力还有助于培养学生的自信心和独立思考能力。在解决问题和应对挑战的过程中，学生会逐渐认识到自己的能力和价值，从而增强自信心。他们能够勇敢地追求自己的梦想，并在实现目标的道路上保持坚定和积极的态度。

3．获得成就感和满足感

创新活动为学生提供了应对挑战和迎接机遇的平台。在这些活动中，学生需要运用自己的知识和技能，应对现实生活中的复杂问题和未知情境。例如，参与科技竞赛或社会创新项目的学生常常需要深入研究和分析，提出新颖的解决方案，这个过程本身就是对学生智力和创造力的极大考验。通过参与创新活动，学生能够克服困难并实现个人的目标。解决一个技术性或设计性难题，或者成功完成一个创新项目，不仅可以为学生带来成就感，还可以增强其自信心和自我价值感。这种自我肯定不只来自最终的成果，更重要的是来自在过程中所积累的知识、技能和经验，以及与团队合作和自主思考相关的成长。

创新活动能激发学生对学习和实践的热情。参与创新活动的学生通常对知识和技能有着浓厚的兴趣，他们乐于探索和学习新事物。通过参与这些活动，他们不仅能深入理解学科知识，还能培养创新思维和解决问题的能力，这些都是未来职业发展中所必需的素质。

创新活动带来的成就感和满足感有助于学生在学业上取得更大的进步。积极的体验和正面的情感反馈，都会激励学生继续追求更高的目标和挑战更大的难题。这种正向循环不仅可以促进个人的发展，还有助于整个教育系统的优化和创新。

第四节　国家政策与中职学生创新能力的培养

一、国家政策导向

国家通过制定中长期教育改革和发展规划纲要，明确了中职教育在整个教育体系中的地位和作用，提出了培养创新型人才的战略目标。例如，《国家职业教育改革实施方案》进一步推动了职业教育改革，明确了中职教育的方向和目标，特别是在培养创新型人才方面的要求。鼓励中职学校在课程设置中加入创新和创业教育，培养学生的创新思维和实践能力，鼓励学生在课程中进行实际项目的研究和开发。加强教师的职业技能培训，尤其是“双师型”教师的培养，即既有教学能力又有实践经验的教师，以提升教学质量和学生的创新能力。

国家政策鼓励中职学校与企业合作，促进产教融合，为学生提供实习和就业机会，增强学生的实际操作能力和创新实践能力。例如，《国务院办公厅关于深化产教融合的若干意见》提出，坚持职业教育校企合作、工学结合的办学制度，推进职业学校和企业联盟、与行业联合、同园区联结。国家推动中职教育课程改革，强调课程设置应注重实践和创新能力的培养，通过改革课程体系，引入项目式学习、创客教育等教学模式，提升学生的创新意识和能力。

二、国家政策对中职学生创新能力培养的影响

（一）提供制度保障

国家在法律层面为中职教育提供了保障。《中华人民共和国职业教育法》明确规定，职业教育是与普通教育具有同等重要地位的教育类型，是国民教育体系和人力资源开发的重要组成部分，是培养多样化人才、传承技术技能、促进就业创业的重要途径。这一法律为中职教育的定位和发展提供了明确的法律依据，并强调了培养技术技能人才的重要性。

国家出台了一系列政策文件，进一步细化和落实了《中华人民共和国职业教育法》的精神。例如，国务院发布的《国家职业教育改革实施方案》提出，深化产教融合、校企合作，育训结合，健全多元化办学格局，推动企业深度参与协同育人，扶持鼓励企业和社会力量参与举办各类职业教育。该方案强调，按照专业设置与产业需求对接、课程内容与职业标准对接、教学过程与生产过程对接的

要求，完善中等、高等职业学校设置标准，规范职业院校设置；实施教师和校长专业标准，提升职业院校教学管理和教学实践能力。

在这些政策的指导下，各级政府和教育部门积极行动，制定了具体的实施细则。例如，教育部发布的《中等职业学校职业指导工作规定》明确提出，中等职业学校职业指导工作应深入贯彻习近平新时代中国特色社会主义思想，坚持立德树人、育人为本，遵循职业教育规律和学生成长规律，适应经济社会发展需求，完善机制、整合资源，构建全方位职业指导工作体系，动员学校全员参与、全程服务，持续提升职业指导工作水平。同时，该规定还提出，各地教育行政部门和中等职业学校应为职业指导工作提供必要的人力、物力和经费保障，确保职业指导工作有序开展。

（二）优化教育资源配置

近年来，国家对职业教育的重视程度日益增加，投入力度不断加大。这种投入不仅体现在资金上，还体现在政策支持、教学设施的改善和教师队伍的建设等方面。通过多方面的努力，国家希望职业学校能够在提升教学质量的同时，培养学生的创新能力，为社会输送更多高素质的技术技能人才。国家在政策层面上出台了一系列支持职业教育发展的政策文件。例如，《教育部关于深化职业教育教学改革全面提高人才培养质量的若干意见》明确提出，注重中高职在培养规格、课程设置、工学比例、教学内容、教学方式方法、教学资源配置上的衔接。这些政策为职业教育的发展指明了方向，为学校创新教育活动的开展提供了制度保障。

国家加大了对中职教育的资金投入，用于改善教学设施和条件，以优化教育资源配置。近年来，中央和地方政府陆续拨款用于中职学校的校舍建设、实训基地建设和教学设备购置等。例如，一些地区设立了中职教育专项资金，用于资助中职学校购买先进的教学设备和工具，改善实验室和实训基地的条件。这些设施的改善，使中职学校有能力开展更多的实践教学和创新教育活动，提升学生的动手能力和创新思维。教师队伍的建设也是国家投入的重点之一。中职学校的教师不仅需要具备扎实的专业知识，还需具备一定的创新教育能力。为此，国家开展了多种形式的教师培训，以提高教师的专业水平和教学能力。例如，通过校企合作，学校选派中职教师到企业进行挂职锻炼，了解企业的最新技术和生产流程，以便将这些前沿知识带回课堂，指导学生开展创新实践。

（三）推动课程改革

国家在政策层面上明确了中职教育课程改革的总体目标和要求。国务院发布的《国家职业教育改革实施方案》指出，坚持以习近平新时代中国特色社会主义思想为指导，把职业教育摆在教育改革创新和经济社会发展中更加突出的位置。牢固树立新发展理念，服务建设现代化经济体系和实现更高质量更充分就业需要，对接科技发展趋势和市场需求，完善职业教育和培训体系，优化学校、专业布局，深化办学体制改革和育人机制改革，以促进就业和适应产业发展需求为导向，鼓励和支持社会各界特别是企业积极支持职业教育，着力培养高素质劳动者和技术技能人才。该方案强调，引导行业企业深度参与技术技能人才培养培训，促进职业院校加强专业建设、深化课程改革、增强实训内容、提高师资水平，全面提升教育教学质量。

在具体措施上，《教育部关于深化中等职业教育教学改革全面提高人才培养质量的意见》提出，高等职业学校要按照教育部相关教学文件要求，规范公共基础课课程设置与教学实施，面向全体学生开设创新创业教育专门课程群。

在政策支持下，各地中职学校积极行动，开展了一系列课程改革实践。例如，一些学校根据当地经济发展的实际需求，调整和优化专业课程设置，增加与新兴产业和高新技术相关的课程内容；还有一些学校引入先进的教育理念和教学方法，开展跨学科的项目式学习，组织学生参与实际项目的设计和实施，培养他们的综合素质和创新能力。

第二章　中职学生创新意识与核心素养的融合

在现代社会快速发展的背景下，创新已成为推动经济增长和社会进步的关键驱动力。作为未来劳动力市场的重要组成部分，中职学生创新意识与核心素养的融合显得尤为重要和迫切。创新意识不仅有利于提高应对新时代挑战的能力，而且奠定了个体和群体在变革中持续发展的基础。中职教育的本质在于培养学生的行业实用技能和解决实际问题的能力。然而，单纯的技术技能在如今复杂和竞争激烈的市场中已不足以支撑个人的长期发展和组织的持续创新。因此，中职学生不仅需要掌握基本的职业技能，还需要通过创新意识的培养，将这些技能与新颖的思维、解决方案相结合，从而适应不断变化的社会和经济环境。

创新意识与核心素养的融合不仅是理论上的探索，而且是实践中的应用和体现。它要求学生在学习和工作中能够勇于挑战传统观念，提出新的想法和方案，并通过创造性思维和实际行动，将这些想法转化为实际的成果和解决方案。这种能力不仅能增强学生在职业发展中的竞争力，还能为他们成为未来行业的领袖和创新者奠定坚实的基础。

第一节　创新意识对中职学生核心素养的影响

一、技术维度的影响

具备创新意识的学生能够探索并应用新型的网络营销工具和策略，如利用短视频平台进行营销，或者利用虚拟现实（Virtual Reality，VR）技术提升用户体验。这样，他们不仅能掌握传统的营销技巧，还能在实际应用中引领新潮流。学生的创新意识推动他们主动学习和应用最新的技术，如人工智能驱动的个性化推荐系统，或者基于云计算的电子商务平台解决方案。这使得他们能够在技术基础上不断探索新技术，为未来的电子商务平台开发和维护提供更好的技术支持。

二、技能维度的影响

创新意识促使学生不断探索和实施新的技能。例如，学生可以引入智能客服系统来提升用户体验，通过人工智能技术实现自动化的客户咨询和问题解答。这不仅可以提升服务效率，还可以降低人工成本，提高客户满意度。此外，设计独特的网络店铺装修风格也是创新的一部分，可以通过吸引眼球的设计和用户友好的界面，显著提升店铺的吸引力和用户黏性。这种创新能力有助于学生在电商环境中脱颖而出，提升店铺的竞争力和市场份额。

具备创新意识的学生能够提出和实施新的客户服务策略。例如，他们可以使用人工智能聊天机器人来提高服务效率，这些机器人能够全天候在线回答客户问题，处理常见问题并进行基础的服务操作。此外，开展个性化的客户关怀活动也是一种创新的服务策略，如可以通过定制化的营销活动和个性化的服务内容，提升客户的满意度和忠诚度。

通过实施这些创新举措，学生能够给客户提供更高质量的体验，提升客户的整体满意度和品牌忠诚度。创新意识还可以使学生能够运用先进的数据分析工具和技术来增强商业策略的有效性。例如，机器学习算法可用于销售预测，通过分析历史销售数据和市场趋势，学生可以预测未来的销售情况，制定更加精准的营销策略。此外，数据可视化技术能够增强分析结果的呈现效果，使数据分析结果更加直观易懂。这种技能不仅能帮助学生更准确地分析市场趋势和消费者行为习惯，还能优化商业决策，提升企业的运营效率和市场竞争力。

三、态度维度的影响

具备创新意识的学生更注重在新兴电子商务领域中建立和维护良好的职业道德和诚信形象。他们认识到，在快速发展的电商环境中，保持透明的商业流程和遵守法律法规对于企业与个人的声誉极其重要。例如，学生在设计电子商务平台的过程中，需要考虑如何保障用户数据的安全，确保所有业务操作都遵守数据保护法律。此外，他们在实施新技术和创新策略时，会遵循行业规范，避免出现欺诈行为或虚假宣传。通过秉持这种态度，学生能帮助企业维护行业声誉，赢得客户的信任，并为整个电商行业树立良好的榜样。

创新意识还能使学生具备强烈的终身学习动力，如他们会主动跟进电子商务领域的最新技术和趋势，不断更新自己的知识储备。例如，学生可能会定期参加相关的行业研讨会、在线课程或技术培训，以了解人工智能、区块链、大数据分析等新兴技术的应用。此外，他们还会关注行业新闻和市场动态，了解最新的市场趋势和消费者需求。这种终身学习的态度可以使学生能持续适应行业的快速变化，保持自身在行业中的竞争力，并在职业发展中不断进步。

第二节　核心素养在培养中职学生创新意识中的作用

一、培养科学素养，提升创新效率

科学素养是核心素养的重要组成部分，不仅包括科学知识的积累，还包括科学思维方式、科学探究能力和科学态度等方面。科学素养强调对自然现象和社会现象的好奇和探究，这种好奇心是创新的源泉。通过参与科学探究活动，学生可以培养独立思考能力和质疑精神，从而激发创新意识。

科学素养注重培养学生分析问题、解决问题的能力。在科学探究过程中，学生可以学会使用科学的方法和工具解决实际问题，这种能力可直接转化为创新能力。科学素养鼓励学生将不同学科的知识进行整合和应用，因为跨学科思维是创新的重要基础。

二、激发创造力和艺术修养

（一）创造力在培养中职学生创新意识中的作用

创造力是创新的源泉，是推动社会进步的动力。培养学生的创造力是促进其全面发展的重要手段。创造力的培养有助于学生突破传统思维模式。中职学生在日常学习和生活中，常常会遇到各种各样的挑战和问题。通过培养创造力，学生能够学会从多个角度分析问题，打破常规思维，找到新的解决方案。这种能力在职场中尤为重要，因为许多职业岗位需要员工具备解决复杂问题和应对突发情况的能力。

创造力的培养可以激发学生的学习兴趣和动机。许多学生由于学习基础较弱或对某些学科缺乏兴趣，容易产生厌学情绪。教师可以将枯燥的理论知识转化为有趣的实践活动，激发学生的学习兴趣。例如，在电商领域，通过运营模拟电子商务平台，学生可以在虚拟环境中体验产品上架、订单处理、客户服务等流程。可以将学生分为若干个小组，并模拟在真实市场条件下的商业运作，从中学习实际的管理和决策技能。在创造性的活动中，学生通过不断尝试和实验，最终可以实现自己的创意。这个过程不仅可以锻炼他们的动手能力，还可以增强他们的自信心。当学生看到自己的创意变成现实时，会产生强烈的成就感，这种积极的情感体验对于他们未来的学习和工作都具有重要的激励作用。

（二）艺术修养在培养中职学生创新意识中的作用

艺术修养是创造力的重要组成部分，不仅可以丰富学生的精神生活，还可以为他们提供广阔的想象空间。艺术修养能提升学生的审美能力和创造性思维。在美术、音乐、舞蹈等艺术活动中，学生通过观察、体验和表达，可以逐渐形成独特的审美观和创作风格。这种审美能力不仅体现在艺术作品中，还能迁移到其他领域，帮助学生在日常生活和工作中发现美、创造美。

1．艺术修养有助于学生培养细腻的情感和敏锐的洞察力

在艺术创作过程中，学生需要通过细致入微的观察和深刻的思考，将自己的情感和思想融入作品中。这种能力不仅有助于学生在艺术领域取得成就，还能提升他们在其他领域的情感表达和沟通能力。例如，在护理专业中，具备艺术修养的学生能更加敏锐地察觉患者的情感变化，从而提供细致入微的护理服务。

2．艺术修养能够促进学生跨学科思维和综合素质的提升

许多课程都涉及跨学科的知识和技能。通过艺术修养的培养，学生能够将不同学科的知识融会贯通，形成综合的问题解决能力。例如，在旅游管理专业中，学生可以将艺术设计的知识应用到旅游产品的开发和营销中，通过创意设计来吸引游客，从而提升旅游产品的市场竞争力。

作为核心素养的两大重要组成部分，创造力和艺术修养相辅相成，共同促进中职学生创新意识的培养。

首先，创造力和艺术修养能够为学生提供广阔的想象空间和丰富的创作灵感。

通过参与各种创造性活动和艺术实践，学生能够不断扩展自己的思维边界，激发无限的创意灵感。这种丰富的想象力和创作灵感，不仅体现在学术和职业技能的提升上，还能为学生未来的职业发展奠定坚实的创新基础。

其次，创造力和艺术修养有助于培养学生的批判性思维与独立思考能力。在培养创造力和艺术修养的过程中，学生需要不断地进行反思和批判，学会从不同的角度分析问题，提出独特的见解和解决方案。这种批判性思维和独立思考能力，是现代社会和职场中不可或缺的素质，能够帮助学生在复杂多变的环境中，迅速做出正确的判断和决策。

最后，创造力和艺术修养能够提升学生的沟通与团队合作能力。在创造性和艺术活动中，许多项目需要团队合作才能完成。通过团队合作，学生不仅能学会如何与他人沟通和协作，还能在合作中相互启发，激发更多的创意和灵感。这种沟通与团队合作能力，对于中职学生未来的职业发展具有重要意义，因为在现代职场中，越来越多的工作需要依赖团队的力量才能完成。

第三节　中职学生创新意识培养的现状与策略

一、中职学生创新意识培养的现状

（一）中职学生自我定位意识薄弱

近年来，中职学生自我定位意识薄弱的问题日益显现。这些学生大多是由于中考成绩不理想而选择了中职学校。他们年龄尚小，对新鲜事物充满好奇，但对自身的定位不明确，缺乏自信心，也没有主动探索的勇气，这种情况在网络时代尤为明显。中职学生受到网络的影响较大，他们喜欢观看网络上的短视频内容。在一项针对青少年理想信念的800份问卷调查中，只有16.16%的学生的理想是为社会做贡献，而其他大部分学生则表现出较强的个人功利化倾向。他们的理想不再是成为技术专家或科学家，而是当“网红”或明星等。学生不再专注于提升知识储备和技能，更不用说通过创新提升自己的社会竞争力。中职学生对创新有陌生感和畏惧感，这主要是由于他们在学业上的不如意，因此对自身能力有所怀疑和自我否定。这些学生常常给自己贴上“学习差”的标签，认为创新是遥不可及的事情。这种自我标签化使他们在面对创新时更加退缩，缺乏信心去尝试和探索。这不仅会影响他们学习的积极性，也会限制他们的发展潜力。

网络时代的到来，使中职学生更容易受到外界的影响。网络上充斥着各种娱乐信息和成功的“网红”案例，因此这些学生更容易产生不切实际的幻想。他们认为通过网络可以迅速获得名利，因而忽视了学业和技能的重要性。长期沉迷于网络娱乐，导致他们的时间和精力被大量消耗，学习成绩和技能的提升自然也无从谈起。

家庭和社会的期待也会对中职学生产生影响。很多家长和社会人士对中职教育存在偏见，认为上中职学校是无奈之举，是不得已的选择。这种观念在无形中加重了中职学生的心理负担，使他们对自身的未来感到迷茫和不安。他们无法从家庭和社会中获得足够的支持与鼓励，从而更加缺乏自信心和进取心。

（二）中职教师知识更新缓慢

随着科技的快速发展，知识更新的速度也在不断加快。然而，中职学校的教师在知识更新方面面临显著的挑战。

中职教师的招聘来源主要是应届毕业生，他们在大学期间所学的知识与实际的社会生产实践相比较，存在一定的滞后性。大学教育往往注重理论知识的传授，对实际操作技能和最新技术应用的培训相对较少。这些新晋教师进入中职学校后，虽然具备一定的理论基础，但在面对快速变化的行业技术和需求时会显得力不从心。他们缺乏实际工作经验，对行业最新的发展动态和技术趋势不够了解，难以及时将这些新知识融入教学中。

教师实践能力的不足也是一个重要问题。中职教育从本质上来说是职业教育，强调技能和实践操作的培养。然而，许多中职教师由于缺乏实际的工作经验，对行业的实际操作流程和技术细节了解不足，无法在教学中有效传授这些关键技能。这不仅会影响学生的实际操作能力，还会降低他们对所学内容的兴趣和热情。尤其在计算机专业等技术更新迭代极快的领域，每两三个月就会有新的技术和工具出现，而在课堂上教授的知识往往已经陈旧，难以激发学生的创新激情。

教师的科研能力和教研能力相对薄弱。中职学校的教师不仅需要承担繁重的教学任务，还需要应对学生管理及各种行政工作，因此他们很少有精力顾及科研或教研活动。科研和教研活动是教师不断更新知识、提高教学质量的重要途径，但由于中职教师在这方面的投入不足，因此在创新上很难取得更多的建树。这种情况进一步加剧了教学内容的滞后性，无法为学生提供最新的知识和技能培训。

（三）家长对孩子的引导不足

中职学生面临的一个重要问题是家长对孩子的引导不足。正值青春叛逆期的中职学生，需要父母的鼓励和关爱。然而，部分家长对孩子放任自流，缺少必要的引导，导致孩子在学习和成长过程中感到迷茫或无所适从。

青春叛逆期是孩子自我意识觉醒和个性发展的关键阶段。在这个时期，孩子开始追求独立，渴望得到尊重和认可，但由于其心智尚未完全成熟，他们的行为和思想往往显得矛盾或叛逆。如果在这个阶段家长不给予正确的引导和足够的关爱，孩子就很容易走上迷途。一些中职学生因为中考成绩不理想而选择了中职教育，内心本就存在自卑和失落感，再加上家长的放任态度，更加剧了他们的心理压力和行为失控。

大部分中职学生的家长学历较低，这一背景使家长在教育孩子方面存在天然的劣势。这些家长在工作中缺乏创新的机会和经验，导致他们对孩子的教育也缺乏创新意识。他们常常忙于生计，无法全身心投入孩子的教育和成长中，对孩子的学习和生活都无法给予足够的关注与指导。这种情况不仅会限制孩子的成长空间，还会削弱他们的自信心和创造力。

家长是孩子的第一任教师，家庭教育在孩子的成长过程中起着非常重要的作用。家长的言行举止、思维方式和价值观都会潜移默化地改变孩子。然而，如果家长自身缺乏创新意识，他们在教育孩子时往往会采取传统、守旧的方式，无法激发孩子的创新思维和探索欲望。许多中职学生在家庭教育中缺乏科学的指导和激励，导致他们在学习和生活中表现出缺乏主动性和创新精神。

二、影响中职学生创新意识培养的主要因素

（一）学校因素

1．教学方面

课堂教学作为培养学生创新意识的主要途径之一，在当前的教学实践中面临一些挑战和限制。传统的日常教学往往以教师为中心，侧重灌输知识和应试技能，而缺乏对学生创新思维、问题分析和解决能力的培养。

课堂教学普遍存在的问题是缺乏足够的互动和探索机会。教师在教学过程中主导性较强，学生大多处于被动接受知识和信息的状态，缺乏提出问题、思考和探索的机会。这种教学方式容易使学生形成依赖性思维，缺乏自主探索和创新的动力与精神。

现行的教学评估和考核体系往往偏重对学生记忆和理解能力的测量，而对学生创新能力的评估相对不足。在课堂上，面对教师提出的问题，学生往往更多地追求“正确答案”，而非探索多种解决方案或创新思维的训练。这种情况会限制学生独立思考和创新的发展空间。

教师自身在创新教育方法和教学技能上的准备不足也是一个问题。许多教师接受的是传统教育训练，缺乏创新教育理念和实践技能的培训与支持。因此，在课堂教学中如何有效地引导学生提出问题、分析问题和解决问题，并鼓励他们探索和实践创新能力，成为一个亟待解决的问题。

2．学校激励制度方面

教师作为学生创新意识培养的重要引导者，在创新创业教育中扮演着关键角色。然而，近期对福建中职学校进行的调研结果表明，大部分教师认为学校在激励教师开展学生创新教育方面的制度尚不完善。具体来说，现有的激励机制并不足以调动教师的积极性，导致他们在创新教育方面的投入和热情不高。目前，一些学校的激励制度主要集中在学术研究和教学成绩上，而对创新教育的重视程度明显不足。部分教师反映，在推动学生创新创业方面的努力和成就，往往得不到应有的认可和奖励。这不仅会限制教师的创造性思维和教学创新，还会使学生难以获得系统且有效的创新教育。

（二）家庭教育因素

在对福建中职学生进行调研时发现，家庭教育因素对学生的创新意识和整体发展有深远的影响。中职学生的家长大多来自农村地区，文化水平普遍不高，教育方法相对简单且以批评为主。然而，这些家长对孩子寄予了较高的期望，希望他们能通过接受良好的教育改变生活状况。因此，他们往往尽量提供较好的生活条件，然而这种方式可能会带来一些负面影响。

由于家长文化水平有限，因此他们在教育孩子时更多依赖传统的、简单直接的批评方式，而缺乏科学的教育方法和对孩子心理发展的持续关注。这种教育方式容易使孩子产生逆反心理，甚至对学习和创新产生抵触情绪。虽然家长对孩子有很高的期望，但往往没有具体的指导和支持，因此孩子在面对实际问题时会感到迷茫和无所适从。

此外，家长为了弥补自身教育资源的不足，往往在物质上尽可能满足孩子的需求，试图通过提供良好的生活条件来激励孩子努力学习。然而，这种做法可能会导致孩子产生一种不需要努力便能过上好生活的错觉。他们可能认为，只要家庭经济条件允许，即使自己不努力，也能过上舒适的生活。这种安逸的状态使学生缺乏努力的动机，缺乏积极向上的心态，进而难以调动他们的创新意识。

（三）社会因素

创新教育的推动需要社会各界的共同参与和努力，不能只寄希望于学校的单一作用。目前的现实是，尽管政府和社会对高等教育中的创新创业有一定的扶持政策，但对中职教育的支持力度相对不足。与此同时，企业与中职学校的合作虽然存在，但主要集中在生产实践和技能培训方面，对学生创新能力的培养要求不高，这就导致中职学生创新意识的严重缺失。

目前的政策多数集中在高等院校，如提供创新创业项目资助、设立创新基地等，而对中职学校的支持相对较少。中职学生作为社会主义建设主力军的一部分，其创新能力和创业精神的培养同样重要。政府可以通过制定更有针对性的政策，如设立中职创新教育专项资金，支持中职学校开展创新创业教育，培养学生的创新意识和实践能力。

企业与中职学校的合作应当更加注重学生创新能力的培养。目前企业与中职学校的合作主要集中在技能培训和生产实践上，对学生创新潜力和思维方式的引导较少。企业可以在与中职学校的合作中，增加创新项目的设计与实施，鼓励学生参与创新型活动和实践项目。例如，可以与企业合作开展创客活动、科技竞赛或者创新项目实践，为学生提供更多的创新平台和实践机会。学校本身也需要积极探索创新教育的有效路径。教师在课堂教学中应引入更多的问题导向和探索性学习，激发学生的创新思维并培养其问题解决能力。学校可以通过组织创新实验室、开设创新课程、推广创新教育模式等途径，为学生创造良好的创新氛围和实践平台。

三、培养中职学生创新意识的策略

（一）转变教学理念，将“学以致用”转变为“用以致学”

在传统的教学理念中，教师往往侧重让学生“学以致用”，即通过学习相关知识为将来的工作奠定坚实的基础。然而，对于许多中职学生而言，他们对学习的认知常常停留在“学来何用”的层面，缺乏对学习的深刻理解和积极参与的动力。这种现象反映出教育需要更多关注学生的学习动机和学习动力的提升。

教师在教学设计和实施中，有必要转变教学理念，引入“用以致学”的理念。这种理念强调通过将知识应用于实际生活和职业场景中，来深化对知识的理解和掌握。学生不仅能理解学习的实际意义和应用场景，还能在实践中发现知识应用的不足和需求，从而激发他们自主学习的动机和能力。

教师可以通过设计更加贴近实际的教学内容和任务，帮助学生建立起学习和职业的联系。例如，在教学中引入真实案例和实际问题，让学生分析和解决，这不仅可以加深学生对知识的理解，还可以培养他们的创新思维和问题解决能力。通过与企业合作开展项目实践或实习，学生可以亲身体验专业技能的应用和实际工作环境，从而激发他们对学习的兴趣并投入热情。

教师在教学过程中应注重培养学生的自主学习能力和学习动机。可以通过设立学习目标、制订学习计划、自主探究和反思，引导学生逐步发展成为主动探索和学习的个体。教师可以采用个性化的教学方法和评价方式，关注学生的学习进展和个性发展，从而增强他们的学习动力和学习效果。

教师还应注重激发学生的学习兴趣和内在动机。教师可以通过采用多样化的教学手段和资源，如使用多媒体技术、引入互动课堂、组织教育游戏等，吸引学生的注意力。营造积极的学习氛围和建立支持系统，包括鼓励学生之间的合作交流和师生之间的密切互动，有助于促进学生的学习成长和个性发展。教师在转变教学理念的过程中，需要不断反思和更新教学实践。教师可以通过参与教育研讨会、专业培训和交流会，探索和采纳最新的教育理念与方法，不断优化教学策略和课程设计，从而适应学生学习需求和社会发展的变化。

（二）培养学生的学习兴趣，激发其好奇心

对于中职学生这样年龄偏小的群体来说，好奇心是其天性的一部分。然而，现实中的一些中职学生面临着成绩不理想和自信心不足的困境，这往往会抑制他们本能的探索和学习动机。要解决中职学生成绩不理想和自信心不足的问题，教师和教育工作者需要深入了解学生的心理特点，并在教学和日常生活中给予他们更多的鼓励与表扬。正面的反馈不仅能增强学生的自信心，还能激发他们对学习和探索的积极态度。及时表扬学生的进步和努力，可以帮助他们培养良好的学习动机和自信心，从而更愿意探索和学习新知识。

教师在课堂教学中应注意语言表达的方式和专业术语的使用。中职学生通常对生硬的专业术语感到难以理解和接受，这可能会导致他们对学习内容失去兴趣。因此，教师可以采用更加生动和贴近学生生活经验的语言表达，将抽象的概念转化为具体的例子或案例，帮助学生理解和接受学习内容。这种方式不仅能提高学生的学习兴趣，还能有效激发他们的求知欲和好奇心，使他们愿意深入探索和思考。

教育环境的营造也非常重要。学校可以通过组织课外活动、实地考察、讲座和工作坊等形式，拓宽学生的视野和知识领域，从而激发他们的好奇心和学习动机。提供多样化的学习资源和机会，可以让学生在实践中体验到知识的应用和实际意义，有助于他们打破对学习的传统认知，激发其学习潜力和创新思维。

家庭和社会的支持也是培养学生好奇心与自信心的重要因素。家长和社会应该与学校密切合作，共同为学生营造支持和鼓励的环境。家庭可以通过积极参与

学校活动、关注学生学习进展和成就，给予学生持续的支持和鼓励。社会可以通过组织丰富多彩的文化活动和社会实践项目，为学生提供广阔的发展空间和展示平台，激发他们对探索新知识和新技能的热情。

（三）培养学生的问题意识，提高其探究能力

在教学中，提出问题是创新创造的第一步。教师在设计课程任务时应尽量采用“问题—探究—互动”的教学模式，因为这种模式强调主体性、生成性、问题性、实践性、师生互动性及因材施教原则，有助于激发学生的创新思维和问题解决能力。通过布置“提问题”任务，教师可以引导学生从日常生活和学习实践中提出各种问题。这种任务不仅可以促使学生对周围环境和学习内容进行深入的思考，还可以培养他们的观察力和批判性思维。学生在提出问题的过程中，需要分析现象、探究原因，并评估可能的解决方案，这个过程有助于锻炼他们的逻辑推理能力和判断力。教师应注重创设与学生生活相关的问题情境。这种情境设计不仅能使学习内容更具现实意义，还能引发学生的认知冲突和好奇心。学生在面对真实或虚拟的问题情境时，常常需要运用跨学科思维进行思考和探索，从而激发其解决问题的欲望和创新的灵感。

教师的作用在于引导学生的学习过程。通过师生互动，教师不仅能及时给予学生反馈和指导，还能引导学生逐步深入思考和探索问题的本质。教师可以采用启发式的教学方法，如提供提示或引导学生进行讨论和合作，帮助他们从多个角度来理解和解决问题。在这样的教学模式中，学生不仅是知识的接受者，而且是问题的发现者和解决者。他们通过实际操作和思维实验，可以逐渐培养探索未知和创新的能力。这个过程不仅是为了解决特定问题，而且是在培养学生终身学习的态度和能力，使他们具备面对挑战的自信和勇气。教师在实施这种教学模式时，需要灵活运用因材施教原则，因人而异地对待学生的问题提出和解决过程。不同学生的认知水平和兴趣爱好不同，因此教师应根据学生的特点调整教学内容和方法，使每个学生都能在思维和创新上得到有效发展。

（四）实践引发创新，提升创新自觉

《国家职业教育改革实施方案》的出台标志着我国的职业教育进入全面提质增效的新阶段。其中，加强“双师型”教师建设和完善“固定岗+流动岗”资源配置新机制成为关键举措，这些旨在适应现代社会和经济发展的需求，为学生的职业发展提供了更加有效的支持和指导。

"双师型"教师，不仅需要具备扎实的学科专业知识和教学技能，而且需要实时跟进企业发展动态和前沿技术。这要求教师不再局限于传统的课堂教学，而能够深入了解最新的行业趋势和技术进展。因此，学校应当加强对教师的持续培训和专业发展支持，确保他们能够与时俱进，为学生提供最新、最有效的教育资源和指导。

学生的实习安排也需要根据实际情况进行调整和优化。传统上，学生的实习往往集中在学业末期，这就导致学生在毕业进入企业工作后需要较长的适应期。为了缩短学生的适应期，可以将学生的实习时间分散至每个学期，这样，学生在整个学习过程中都有机会接触和了解企业运作与前沿技术。学生能更快地适应并响应社会竞争的压力，同时也更容易在实习中获得新技术和新知识，从而激发他们的求知欲和创新精神。学生在企业实习的过程中，不仅能感知企业发展的迅速和技术的更新换代，还能直接参与企业运作和应用这些新技术。这种实践经验不仅可以提升他们的职业素养和实际操作能力，还可以培养他们解决实际问题和创新的能力。学生通过实习，不仅能将理论和实际联系起来，还能建立起与企业、市场的深入联系，为将来的就业和职业发展奠定坚实的基础。

（五）营造创新氛围，活动激发创新

为了营造创新的校园氛围，激发学生和教师的创新潜能，学校可以采取多种措施，并结合专业特色和校企合作，构建完善的创新创业激励制度。学校可以根据各个专业的特色和学科需求，定期举办创意大赛和创新创业比赛。这些比赛不仅是学生展示创新成果和创业计划的平台，而且可以鼓励学生从课堂学习中走向实践创新。通过比赛，学生可以结合自己的专业知识和兴趣，提出解决实际问题的创新方案，培养解决问题和团队合作的能力。同时，学校可以鼓励优秀教师作为指导者参与到学生创新团队中，提供专业的指导和支持，推动学生创新意识的培养和实践能力的提升。

学校还可以积极邀请成功的企业家、行业专家和创业导师到校园举办交流讲座。这种形式不仅可以让学生深入了解创业的实际操作和市场需求，还可以激发他们的创新思维和创业热情。企业家的成功经验和故事可以给予学生宝贵的启示，帮助他们更好地规划自己的职业路线和创业路线。同时，学校还应当注重发展校企合作，特别是结合专业特色，创办实践基地和创新中心。这些实践基地可以为学生提供与企业合作的机会，让他们在真实的工作环境中接触和应用最新的技术与理念。通过与企业的密切合作，学生不仅能获得实际操作的经验，还能了

解市场的需求和行业的发展趋势，从而更好地准备自己的职业规划和创业计划。

为了建立健全创新创业激励制度，学校可以设立奖励机制和荣誉称号，表彰在创新创业领域取得突出成就的学生和教师。这不仅能激励更多的学生投身到创新创业的实践中，还能提升学校整体的创新氛围和竞争力。通过奖励和荣誉的鼓励，学校能激发教师指导学生创新的热情和积极性，推动创新创业教育在校园中的深入发展。

（六）结合需求打造，培养创新愿景

为了有效培养学生的创新意识和创新能力，学校可以结合学生的实际需求和兴趣打造有针对性的活动，从而激发他们的创新愿景和参与热情。在筹备活动之前，开展学生对活动的期望调研是重要的一步，这有助于确保活动内容符合学生的兴趣和实际需求，以提升他们的参与度和投入度。举例来说，假设学校拥有汽修专业，且大多数学生对赛车颇有兴趣，基于这种情况，学校可以设计并开展小型赛车系列活动，以满足学生的兴趣需求。这些活动可以包括设计小型赛车车型比赛。学生可以自发组成团队，通过学习和研究不同类型赛车的设计原理与技术规范，自主设计并制作小型赛车模型。他们需要考虑到各种工程参数，如发动机选择、车型结构、材料运用等，这些都是现实工程中常见的挑战。通过实际操作，学生将学会如何解决复杂的技术问题和优化设计方案，从而培养他们的创新思维和工程实践能力。

赛道设计比赛也是一个有趣且富有挑战性的活动。学生可以利用计算机辅助设计软件或手绘，设计适合小型赛车比赛的赛道。他们需要考虑赛道的曲率、坡度、安全性和挑战性，以及如何最大限度地提升赛车性能和驾驶体验。这不仅可以锻炼学生的空间想象力和设计能力，还可以促使他们在实践中思考和应用科学原理与工程技术。这些活动不仅是简单的竞赛，而且是学生在实际项目中应用知识、技能和创新思维的机会。

通过动手实践和应对真实的挑战，学生可以不断调整和改进自己的设计与解决方案，从而提升学习动机和自主学习能力。这种“用以致学”的理念可以让学生在实际操作中发现和解决问题，激发他们探索新思路和方法的愿望。学校还可以邀请相关领域的专家和从业者参与到活动中来，为学生提供专业指导和反馈。专家的经验分享和建议不仅可以拓宽学生的视野，还可以帮助他们理解行业现状和未来趋势，激发他们对汽车技术和工程领域的兴趣与追求。

第四节　中职学生核心素养培养的现状及原因分析

一、中职学生核心素养培养的现状

（一）教育理念与实践的差距

1. 教育理念有待更新

在中职学校中，尽管教育改革与发展取得了显著进展，但仍然存在一些传统观念和理解不足的问题，特别是在核心素养培养方面。部分教师和学校仍然倾向于传统教育，重视课程的知识传授和技能训练，而忽视了学生综合素质的全面培养。传统教育的影响依然存在。在传统教育中，教师和学校更注重学生的学习成绩和应试能力，容易忽略学生综合素质的发展。这种教育模式偏重对学生知识的灌输和技能的训练，而较少关注学生创新能力、批判性思维和实际操作能力等核心素质的培养。

例如，某中职学校的网店运营课程主要涉及基础操作，如网店的开设、商品上架、订单处理等。这门课程存在的问题如下：①课程内容停留在基础操作层面，未涵盖现代电子商务技术和新兴趋势，如社交电子商务、直播带货、人工智能推荐系统等；②课程缺少实际操作的机会，学生无法在真实的电子商务环境中应用所学的知识和技能，如课程中没有网店运营实践，教师仅依赖模拟案例进行教学。解决方案如下：①定期审查和更新课程内容，加入最新的电子商务发展趋势和技术，如引入社交电子商务、直播带货和大数据分析等模块；②与电子商务企业和行业专家合作，了解行业需求和发展动态，将最新的行业信息融入课程中，开设网店运营实践课程。

核心素养不仅包括学术能力，还包括社会交往能力、创新精神、文化修养等多方面的综合素质。然而，一些教师对核心素养的概念和内涵理解不够深入，可能将其简化为某个方面的技能培养或者只注重学术知识的传授。这种理解上的偏差会影响教学目标和内容的设计，导致教育实践缺乏系统性和全面性。例如，在课堂教学中教师只侧重传授课本知识，而忽略与职业实践紧密相关的核心素养的培养，如创新能力、团队协作能力和问题解决能力等。

中职学校应积极推动教师的专业发展和教育理念的更新。学校可以组织专题研讨会、教学观摩活动和跨学科教研团队建设，引导教师深入理解核心素养的多维度内涵，并将其融入课程设计和教学实践中。注重教师的专业发展，可以提升其教育教学能力和素质培养意识，使其能更好地引导学生全面发展。

中职学校应加强课程改革和教学方法创新。中职学校可以积极推进课程改革，设计和开发具有实操性与创新性的课程内容。例如，教师可以引入项目式学习、实践教学和跨学科课程设计等，让学生在解决实际问题的过程中学习和应用知识，培养创新思维和问题解决能力。同时，教师应采用多样化的教学方法和评估手段，如问题导向学习、案例教学和综合评估等，全面评价学生的核心素质发展。

2. 实践落实不充分

（1）教学方法单一。当前的中职学校教育存在教学方法的单一化问题，缺乏探究式、项目式和合作学习等多样化的教学方法。这种局面会影响学生的探究能力、创新思维及团队合作能力的全面发展。讲授式教学虽然是传统的有效手段，但过度依赖此种教学方法可能会削弱学生的主动学习意识和批判性思维能力。学生在被动接受知识的过程中，难以培养自主学习和问题解决的能力。在职业教育领域尤其如此，学生需要通过实践和探索来获得实际操作技能与职业素养，而传统的讲授式教学难以满足这种需求。缺乏探究式、项目式和合作学习等多样化教学方法，也使学校难以有效地应对现代职业教育的多样化需求和挑战。现今的职业市场对员工的创新能力、问题解决能力和团队协作能力提出了更高的要求，而这些能力正是可以通过探究式学习和项目实践培养的。如果学校只局限于传统的教学方式，将难以为学生提供足够的实践机会。

中职学校可以推广探究式学习和项目式学习。学校可以设计和引入更多基于实际问题的学习场景与项目任务，鼓励学生通过自主探索和团队合作来解决问题。第一，教师可以组织学生参与跨学科的项目研究，让他们在实际操作中学习并应用理论知识，培养解决复杂问题的能力。第二，倡导合作学习和团队合作精神，教师可以通过组织小组讨论、团队项目和模拟实验等方式，激发学生的合作学习意识和团队协作能力。这不仅能增强学生的沟通能力和社交技能，还能培养他们的领导能力和协作能力。第三，学校应提供教师专业发展支持，如定期组织教师参加教学方法创新和教育技术应用的培训，帮助教师掌握和应用多样化的教学方法（包括探究式学习设计、项目管理技巧、团队合作培训等），以增强教师的教学能力和教育实效性。第四，建立和完善评估体系。学校可以设计多样化的评估方式，以评估学生在探究式学习、项目实践和合作学习中的表现。这不仅能激励学生积极参与，还能反馈教学方法的有效性和学生综合素质全面发展的情况。

（2）实践机会有限。当前中职学校教育存在学生参与实际项目和社会实践的机会有限的问题。这个问题导致理论与实践结合不紧密，影响学生综合素养的全面发展。实践是中职教育的重要组成部分，能够帮助学生将在课堂上学到的理论知识转化为实际操作能力和职业技能。然而，由于资源和条件的限制，许多中职学校无法为学生提供充足的实践机会。在这种情况下，学生面临理论学习与实际操作之间的脱节，难以真正掌握和应用所学知识，从而影响其职业能力的全面培养。社会实践是学生了解社会、拓宽视野、提升综合素养的重要途径。然而，由于考虑到安全性、实施成本及协调性等问题，一些中职学校的社会实践活动规模有限，或者无法有效地与学科教学相结合。这就使学生难以在实际社会环境中应用所学的知识和技能，缺乏应对真实问题和挑战的机会，进而影响他们自主学习和问题解决能力的培养。

中职学校可以优化课程设置和资源配置。学校可以通过调整课程结构和安排，增加实践性强、与行业实际需求结合紧密的课程内容。同时，学校应加强与企业、行业协会等外部资源的合作，提供更多的实习实训机会，让学生在真实的职业环境中进行实践学习。第一，拓展社会实践渠道和项目合作。学校可以与地方政府、企业和社会组织建立长期合作关系，开展各类社会实践活动。例如，学校可以组织学生参与社区服务、公益活动或实地考察，让他们亲身体验社会生活和职业实践，提升综合素质和增强社会责任感。第二，强化教师的实践能力和项目管理能力。学校应注重教师的专业发展，提供相应的实践教育培训和项目管理技能培训，提升教师组织实践活动和指导学生的能力。通过教师的引导和支持，学生能更好地理解和应用学科知识，培养批判性思维和解决问题的能力。第三，建立健全评估和反馈机制。学校应设计并落实科学合理的实践成果评估体系，及时收集和分析学生在实践活动中的表现和成长情况。评估结果不仅可以激励学生积极参与各种实践活动，还可以为学校改进实践教育策略提供依据，确保实践机会的有效性和教育质量的提升。

（二）师资力量与专业发展不足

1．教师专业素养有待提高

（1）师资培训不足。当前的中职学校教育存在师资培训不足的问题，其直接影响教师的教育教学能力和学生核心素养的全面培养。第一，教师缺乏系统的培训和进修机会。教师未能及时了解和掌握最新的教育理念与教学技术，其专业知识和教学方法更新滞后。教师可能仍然依赖传统的教学方法，未采用探究式学习、项目式学习和跨学科教学等教学方法。这就导致教师在教学实践中难以有效地引导学生培养探究能力、创新思维和团队合作精神，从而影响学生综合素质的全面提升。第二，教师的职业发展和教育技术应用能力面临挑战。有的中职学校的教师缺乏系统的职业发展路径和培训计划，无法持续提升自身的教学水平和专业素养。例如，在信息技术和教育技术应用方面，教师可能缺乏足够的培训和实践经验，无法有效地利用多媒体教学资源和在线学习平台来丰富教学内容与形式。这种技术和方法的滞后不仅会影响教师教学的灵活性和效果，还会限制学生在实践中应用知识和技能的机会。

（2）行业经验欠缺。在当前的中职学校教育中，部分教师缺乏实际行业经验，这会直接影响他们在指导学生实践活动和职业能力发展方面的有效性与专业性。由于教师缺乏实际行业经验，因此他们可能无法深入了解和把握行业的最新发展动态与实际应用需求。在职业技能培训和职业素养培养的过程中，学生需要掌握的不仅包括理论知识，还包括实际操作技能和职场适应能力。缺乏行业经验的教师可能无法有效地指导学生面对实际工作场景时的应对策略和技术要求，会导致学生在毕业后面临职业适应性不足的问题。教师缺乏行业经验也可能会影响他们对教学内容的实际导向和教学方法的选择。在课程设计和教学实施的过程中，教师应根据行业需求和实际应用情况进行调整与优化，以确保学生能够掌握真正有用的职业技能和能力。然而，缺乏行业经验的教师可能会局限于教科书知识或过时的理论观念，无法为学生提供与实际职业环境相匹配的教育资源和培训机会。

对此，中职学校可以采取以下措施：一是加强与行业的交流与合作。学校应积极与相关行业企业和机构建立稳固的合作关系，开展实习、实训和职场体验活动。通过与行业专业人士的互动和合作，教师可以深入了解行业的工作流程、技术标准和职业发展路径，从而提升自身的行业认知和增强教学实效性。二是鼓励教师参与行业实践和项目合作。学校可以组织教师参加行业研讨会、专业培训和行业协会活动，使其通过实际参与和项目合作来积累行业经验与专业知识。这种实践不仅有助于教师更新自己的职业技能和行业动态，还能为教学内容的更新和调整提供实际依据与指导。三是建立行业导师制度或专家指导小组。学校可以邀请有丰富行业经验的专家或从业人士担任学校的行业导师，为教师提供个性化的指导和职业发展支持。这些行业导师可以定期与教师交流、讨论和分享最新的行业趋势及实践经验，帮助教师更好地理解行业知识，并将之应用到教学实践中。

四是加强对教师职业发展的支持。学校应为教师提供持续的职业发展机会和培训资源，包括行业认证课程、教育技术应用培训和教学方法创新研讨会等。通过这些支持措施，教师可以不断提升自身的专业水平和教学能力，更好地服务于学生职业素养和综合素质的发展。

2．教师队伍建设有待加强

（1）师资力量薄弱。部分中职学校面临教师数量不足、教师素质参差不齐及教学工作负担重等问题，这些问题会直接影响教学效果和学生核心素养的全面培养。教师数量不足是师资力量薄弱的表现之一。一些中职学校面临招聘和留任优秀教师的难题，尤其是技术技能与教学能力兼备的教师。因此，学校往往难以满足各类课程的教学需求，导致一些学科和专业的教学资源不足，影响学生全面发展。教师素质参差不齐也是师资力量薄弱的表现之一。虽然大多数教师具备专业知识和一定的教学经验，但由于教育背景和教学方法的差异，部分教师可能不了解最新的教学理念和实践技能。这不仅会影响课堂教学的灵活性和互动性，还可能会限制学生在知识获取和能力培养方面的广度与深度。教师工作负担重也是师资力量薄弱的表现之一。由于教师人数不足和教学任务繁重，一些教师面临着超负荷工作的压力。他们不仅需要承担课堂教学，还可能需要参与课外活动组织、学生指导和工作评估等多项任务。在这种情况下，教师的教学质量和个人发展空间会受到制约，难以充分发挥其教育教学的潜力。

对此，中职学校可以采取以下措施：第一，加强教师队伍建设。学校应积极开展教师招聘工作，优化招聘政策和条件，吸引更多具有实践经验和教学热情的教师加入。同时，建立健全师资培训和发展机制，定期组织教师参加教育教学理论和实践技能培训，提升其专业素养和教学水平。第二，优化教学工作安排和管理。学校应科学合理地分配教师的教学工作量，避免教师的工作负担过重。可以通过合理的课时安排、减少行政任务等方式，为教师创造更多的教学准备和反思时间，增强教学效果，拓宽个人发展空间。第三，促进教师专业发展和团队合作。学校可以建立教师交流和合作平台，鼓励教师之间的经验分享和教学合作，形成良好的团队氛围。此外，学校应支持教师参与学科竞赛、教学研讨和科研项目，激发其教学创新和探索精神，从而提升教学质量和学校整体影响力。

（2）教师激励机制不足。教师激励机制不足是当前中职学校教育面临的一个问题，直接影响教师的工作积极性、教学质量以及学生核心素养的全面培养。在一些中职学校中，由于缺乏有效的激励措施，教师的工作动力和创造性受到了一定程度的制约。第一，教师缺乏有效的物质激励。在教育领域，教师的薪酬和福利待遇直接影响他们的工作积极性和投入程度。有些中职学校的教师薪资水平相对较低，福利待遇也不够完善，因此他们在工作中可能感到压力较大，缺乏持续进步和创新的动力。第二，教师职业发展路径不清晰也是激励机制不足的表现之一。在一些中职学校中，教师的职业发展路径模糊，缺乏明确的晋升机会和发展前景。在这种情况下，教师可能缺乏长期职业目标的指导，难以为教学工作注入持久的动力和热情。第三，教师缺乏个性化的专业发展支持也是激励机制不足的表现之一。教师的教学创新和专业发展需要持续的学习与培训支持，但是许多中职学校未能提供有效的教师培训和进修机会。这使得教师在教学方法和知识更新方面难以跟上时代发展的步伐，进而影响教学质量和学生核心素养的全面培养。

对此，中职学校可以采取以下措施：一是建立完善的薪酬和福利体系。学校应根据教师的教学质量、专业发展和学生表现等因素，制定合理的薪酬政策和福利待遇，激励教师在教学和学术研究上都取得更好的成绩与进展。二是建立明确的职业发展路径。学校应制定并实施教师职业发展规划，明确教师的晋升条件和评审标准，为教师提供清晰的职业发展路径和发展前景，鼓励他们在教学创新和学术研究中展示个人才华和专业能力。三是加强教师的专业发展支持和培训。学校可以通过组织教师培训、学术交流会议、研讨会和实地考察等方式，为教师提供专业知识更新和教学方法改进的机会，促使他们在教学实践中不断成长和创新。四是建立健全评估和激励机制。学校应建立科学合理的教师绩效评估体系，根据评估结果为教师提供个性化的职业发展支持和激励措施。同时，学校应充分尊重教师的教学创新和个性化实践，鼓励他们在教学中探索新的方法和策略，提升教学质量，促进学生综合素养的全面发展。

二、造成中职学生核心素养培养现状的因素分析

（一）社会因素

市场经济体制的建立虽然带来了便利，但也引发了一系列对社会价值观和个体行为观念的影响，对中职学生的影响尤为显著。在市场经济的背景下，人们普遍追求经济效益和个人利益最大化，这种急功近利的思维方式会影响中职学生世界观、人生观和价值观的形成，也会对其核心素养的认知产生误导性影响。市场经济急功近利的氛围使得经济效益成为衡量工作和个人成功的主要标准。在这种环境下，功利主义的价值观容易让一些中职学生误以为，只有技术能力强、能够

快速就业才是成功的体现，而忽视人文素养、社会责任感等核心素养的重要性。这种观念，可能会导致一些学生在追求个人利益的过程中，忽略广泛且深刻的综合素养的培养，从而影响他们综合发展的潜力和未来的成长空间。

互联网和社交媒体的普及对中职学生的核心素养形成带来了新的挑战。互联网技术的飞速发展和各种社交媒体的盛行，使一些学生容易沉迷于网络世界，如过度沉迷于网络游戏或者易受到不良信息的影响。这些不健康的网络行为可能会导致学生出现身心健康问题，并阻碍他们在思维能力、自我管理能力等核心素养上的正常发展。中职学校在教育中需要特别重视对这些学生网络行为的引导和监管，以确保他们能够健康成长，具备良好的社会适应能力和核心素养。

社会对中职学生的偏见和定位问题也是一项重要的挑战。传统上，中职学校被认为是培养技术工人和操作人员的地方，注重职业技能的培养而忽视综合素质的提升。这种偏见影响一些中职学生在职业发展和社会认同感上的体验。这种定位不仅会削弱这些中职学生的自信心，还会限制他们在教育过程中获得全面发展的机会。

（二）政府因素

中职教育在培养学生核心素养方面面临诸多挑战与问题。从法律法规的角度来看，我国关于中职学生核心素养的法律文件相对较少，尚未建立完善的法律框架来支持中职学生核心素养的全面发展，这直接影响了相关政策的制定和实施。

在经济支持方面也面临一个突出的问题。相比普通教育，中职教育的经费投入仍显不足。学校在培养学生核心素养的过程中，需要大量的资金支持，但在目前经费紧张的情况下，课程改革、设备更新、实训场地建设等工作往往无法有效开展。学校对于当前形势的反映显示，虽然核心素养作为教育的核心内容受到广泛关注，但由于资金短缺实际上无法深入推进相关工作，这不仅会影响教学质量的提升，还会限制学生核心素养的全面培养。

监督评价机制的不健全也是制约中职学生核心素养提升的重要因素之一。有效的监督评价体系是保证政策执行和教育质量的关键，然而目前我国在这方面的建设力度仍存在不足。缺乏科学有效的评估方法和监控机制，会导致教育政策的执行力度不足，学校在核心素养培养方面的成效无法得到及时、有效的反馈与调整。这种局面不仅会影响教育改革的深入推进，还会影响学生核心素养的全面提升。

（三）学校因素

当前一些中职学校的人才培养体系在一定程度上受到传统工具理性的影响，更倾向于“成器”教育，而不是“成人”教育。这一趋势在教育目标的设定、学校教育理念及专业的设置等方面表现得尤为明显，限制了学生全面发展和未来职业发展的潜力。

一些中职学校在教育目标的设定上存在滞后性和单一化的问题。传统的“双基”等教育目标，虽然强调基础知识和基本技能的掌握，但未及时更新为与经济社会直接联系更紧密的“核心素养”教育理念。这种情况会导致学生在面对现代社会的复杂挑战时，缺乏足够的综合素养和解决问题的能力，仅仅具备操作技能，而忽略了批判性思维、创新能力等核心素养的培养。

一些中职学校的教育目标过于功利化和短期化。这些学校过度依赖企业用人标准来制定实践教育的内容和方向，致使在教育过程中忽视了学生个人发展需求和长远职业发展规划的重要性。这种趋势使学生在学习过程中更注重应试技能和岗位适应性，而缺乏对职业素养、人格品质和终身学习能力的全面培养，难以适应未来职业发展的变化和挑战。部分中职学校的专业设置和课程体系存在与现代社会需求不匹配的问题。这些学校的专业设置仍然停留在十多年前的模式，未能及时调整和更新，导致培养出来的学生在技术和理论结合、创新能力等方面缺乏竞争力。同时，这些中职学校自身的建设水平不高，缺乏特色骨干专业和先进教学资源，无法有效地满足现代企业对人才的复杂和高水平需求。

一些中职学校在实践教育和职业发展指导方面也存在不足。虽然重视实践技能的培养是中职教育的优势之一，但这些学校缺乏对学生全面发展的关注，以及在职业规划、社会参与和终身学习等方面的指导与支持。这种局限性会导致学生在毕业后面对复杂的职业市场时，往往感到无所适从，缺乏足够的自主性和适应性。

（四）教师因素

中职学校的教师大多来自高等院校，他们虽然具备理论知识和教学技能，但在实践中会存在一些不足。调查和访谈揭示了有的教师在理解学生核心素养理念方面的深度不足，以及在教学实践中对学生个性差异的忽视，这些问题会严重影响教育质量和学生的全面发展。有的中职学校的教师对核心素养的理解存在偏差和误解。部分教师将核心素养简单地视为传统教育目标的替代品，仅仅注重知识和技能的灌输，而忽略了学生品格、社会参与能力及批判性思维等重要素养的培养。他们的教学理念依然停留在传统的“教师一桶水，学生一杯水”的教育观念上，缺乏对现代教育需求的深度理解。

部分教师在教学方法和评价体系上的创新不足。传统的教学方法往往以讲授为主，缺乏多样化和个性化的教学策略。这种单一的教学方式难以激发学生的兴趣和创造力，也不利于培养学生的综合素养和批判性思维能力。同时，这些教师过于依赖传统的评价方法，将学生的学习成绩作为唯一的评判标准，而忽略了学生在实际工作和社会中所需的综合能力与素质的培养。

部分教师对自身角色的认知和定位亟待更新。这些教师仍将自己看作传授知识和技能的“教书匠”，而非学生全面发展的引导者。这种传统角色定位会导致教学过程缺乏关注学生个性发展和人格塑造的细致工作，进而可能影响学生的自主学习能力和终身学习的态度。

（五）家庭因素

苏霍姆林斯基的观点强调家庭教育在塑造个体中的重要性。对于中职学生而言，家庭教育不仅是情感关系的建立，而且是其人格、价值观和行为规范形成的基础。青春期是青少年社会化的关键阶段，这个时期的学生不仅需要学校的教育，而且需要家庭的关爱和正确引导，以帮助他们树立积极健康的人生观和价值观。家庭教育在中职学生成长过程中具有基础引导性的作用。父母作为孩子的第一任教师和榜样，他们的言行举止直接影响孩子的学习态度、价值取向和社会行为。良好的家庭环境和积极的家庭互动，能帮助学生建立自信、自律和责任感，以及培养解决问题和应对挑战的能力。相反，不良的家庭因素，如家庭冲突、忽视或过度控制，容易导致学生自主发展能力的缺失和自我控制能力的不足。这些问题会直接影响学生的学习态度和行为习惯，进而影响其在学校中的表现和成绩。

家庭教育与中职学生日常行为习惯的养成密切相关。例如，学生家庭是否重视教育、是否形成了良好的学习习惯和生活规律，直接影响学生的学习效果和学习态度。如果家庭对学习的重视程度不够，孩子可能会缺乏对知识的渴求和主动学习的动力；如果家长对孩子的监管不到位，孩子可能会缺乏自我管理能力和自主学习能力。这些问题在中职教育阶段尤为显著，因为这个阶段的学生普遍面临着职业技能学习和综合素质发展的双重任务，而良好的家庭教育可以为他们提供坚实的心理和行为支持。家庭教育中的家长角色和教育方式会直接影响中职学生文化基础知识、社会参与意识等方面的发展。如果家长对孩子的学习和成长缺乏关心与支持，他们可能会在学习态度上出现消极倾向，甚至放弃努力；如果家庭教育方式偏向严厉和惩罚，则可能会导致孩子出现心理健康问题或者产生逆反心理。这些问题不只是个体层面上的，还涉及社会教育资源的均衡和家庭教育的公平性，会影响整个社会的教育发展。

（六）学生因素

中职学生面临着诸多学习动机和自我发展方面的问题，这些问题不仅会影响他们的学业成绩，还会对其未来职业和个人发展产生深远的影响。理解和应对这些挑战，是提升中职学校教育质量和学生综合素养的关键所在。

学习动机的缺失是中职学生存在学习困境的重要原因之一。有的中职学生因初中学业成绩不佳未能进入理想的高中，进而选择了中职学校。在这个转变过程中，他们常常会感到自卑或产生自我怀疑，认为自己处于劣势地位，缺乏与同龄人竞争的信心。由于学习基础薄弱，他们在文化课程学习中遇到困难时，往往会退缩或逃避，因此学习兴趣不高和成就感较低。

心理和社会发展的不成熟使中职学生在面对学习和生活中的挑战时显得脆弱。这些学生年龄较小，心理成熟度不高，还未形成稳定的人生观和价值观。他们对未来的职业发展缺乏规划和方向，社会参与意识不强，难以有效融入社会，并且很难主动适应社会的变化和挑战。有些中职学生缺乏对终身发展和社会发展的认识和预见。他们往往停留在狭隘的自我世界中，对社会发展趋势、市场经济本质和社会用人制度的变革缺乏深入理解。这种局限性使他们在职业选择和职业发展规划上显得盲目与被动，容易受到外界负面观念的影响。

部分中职学生在自主学习方面存在明显的不足。他们对于学习缺乏积极的态度和动力，认为学习对自己的未来没有实质性的帮助。这种消极的学习态度导致他们的学习效率很低，容易养成不良习惯，这些会进而影响他们核心素养的全面发展和自我效能感的培养。

第三章　中职学生核心素养与创新思维的培养

第一节　中职学生创新思维的特点及培养需求

创新思维是创新能力的基础。没有创新思维，就难以产生具有新意的想法和解决方案。而创新能力是将这些新颖的想法转化为实际应用的能力。创新思维可以促进创新能力的发展。创新思维较强的个体，能够在面对问题时提出更多的创新方案，从而提高其整体创新能力。同时，成功的创新实践又能进一步激发和提升个体的创新思维。创新思维主要体现在创新过程中的前期阶段，即问题识别、信息收集、创意产生等；而创新能力则贯穿整个创新过程，即从创意生成到方案实施、成果评价等。

只有具备创新意识，个体才会主动培养和发展自己的创新思维，愿意尝试新方法、探索新路径。创新意识能够激发和强化创新思维。当个体具有强烈的创新意识时，其会更积极地进行创造性思考，寻找解决问题的新方法，从而培养创新思维。创新意识为创新思维提供了方向和动力。个体只有在具备创新意识的情况下，才会有明确的创新目标和动力，推动其在思维过程中不断突破传统，产生更多新颖的想法。

一、中职学生创新思维的特点

（一）实践导向性鲜明

中职学生的创新思维具有鲜明的实践导向性，这个特点贯穿于他们的学习和技能掌握过程中。通过实际操作和实践活动，中职学生不仅可以巩固所学的理论知识，还可以在实践中不断优化和创新。在动手实验和项目实践中，他们有机会面对各种实际问题，这些挑战促使他们探索并应用新的方法和工具，从而锻炼和提升创新思维。这种创新思维的特点在于学生能够迅速将理论知识转化为实际操作能力，而不是仅停留在抽象的概念层面。中职学生倾向于在真实的工作情境中应用所学，并通过实践验证和调整自己的想法。他们的创新往往直接与实践效果挂钩，因此能够在复杂多变的工作环境中灵活应对，找到高效且实际的解决方案。

（二）实用性强

中职学生的创新思维具有显著的实用性，这个特点使他们在学习和工作中更注重实际效果与应用价值。他们的创新思维往往围绕如何提升工具、流程或产品的实用性和效率展开，这种实用性导向使他们的创新成果能够直接应用到工作实践中，从而带来实际的改进和效益。在解决问题时，中职学生通常从实际情况出发，深入分析具体问题的根源，然后探索出能够直接解决这些问题的创新解决方案。他们不满足于理论上的创新，而是更关注这些创新在实际工作中的可操作性和效果。通过这种方式，他们能够将创新思维与实际工作需求紧密结合，从而在提高工作效率和生产力方面取得实质性进展。

中职学生的创新思维还展现出一种务实的特质。他们倾向于选择那些能够在短时间内见效的创新方法，并且愿意在实践中不断调整，以确保创新的可行性和实际价值。这种实用性强的创新思维可以帮助他们在实际工作环境中迅速找到切实可行的解决方案，提升工作效率，推动工作流程的优化，并最终提高整体生产力。

中职学生的创新思维还反映在他们对现实问题的敏锐洞察力和解决能力上。他们能迅速识别工作中的关键问题，并通过创新的思维方式提出实用性强的解决方案。这使他们不仅在学习阶段表现出色，而且能在职业发展中成为具有实际操作能力和创新精神的专业人才，为企业和社会带来实际的价值。

（三）快速适应能力强

与学术型教育的学生相比，中职学生通常表现出更强的实际操作能力和灵活性，这使得他们在面对变化时能够迅速适应，并且可以根据实际情况调整自己的创新思路。这种快速适应能力不仅是指在短时间内掌握新技能或应对新任务，还体现为他们在变化面前保持开放心态和探索精神，从而在实际操作中不断进行自我调整和优化。

中职学生的快速适应能力得益于他们的动手实践能力强和灵活应变的特点。他们在学习过程中经常参与项目式学习和实训课程，这种教学模式有助于培养他们在实际操作中灵活解决问题的能力。在实训课程中，学生需要面对各种突发情况，及时调整操作策略，这种经历让他们在实际工作中能游刃有余地应对各种挑战。例如，当在工作环境中引入新技术时，中职学生能够快速上手，学习和掌握这些技术，并将其应用到实际操作中，提高工作质量和效率。

中职学生在面对变化时，通常表现出积极的态度和较强的适应力。他们乐于接受新事物，对新技术、新方法抱有浓厚的兴趣，这种积极的态度使他们在变化面前更容易保持开拓创新的精神。此外，中职学生通常有较强的团队合作意识，他们在项目中经常与他人合作，这种合作不仅可以培养他们的沟通能力和团队协作能力，还可以增强他们在团队中共同创新的能力。在团队合作中，学生能够迅速适应不同角色的变化，调动各自的创新思维，共同推动项目的成功。

中职学生的创新思维还体现在他们的自我驱动力和学习主动性上。他们通常具有较强的职业发展意识，明白不断学习和适应变化对职业成长的重要性。因此，他们不仅在学校学习中表现出较强的主动性，还会利用课外时间积极参与行业相关的活动或比赛，以提高自己的专业技能和创新能力。这种强烈的自我驱动力促使他们在面对新的挑战时，能够迅速调整学习策略，不断提升自己的能力，以应对未来工作中的各种变化。

二、中职学生创新思维的培养需求

（一）教育内容和课程设计

在不断变化的职业环境中，学生不仅需要掌握专业技能，还需要具备灵活的创新思维。课程设计的优化可以通过设置相关的课程和实践项目，激发学生的创新意识和能力，以满足他们日益增长的创新能力培养需求。课程设计应包含实际操作、问题解决和项目实践等元素。

中职学生通常在实践操作中表现出较强的能力，因此，中职学校的课程设计应以实际操作为核心，通过模拟真实的工作环境来提高学生的实践能力。例如，教师可以设置与行业相关的实训课程，让学生在操作中解决实际问题。这种实训课程能够让学生将理论知识应用到实践中，从而提高他们的创新思维能力。又如，在机械工程课程中，教师可以设计一个项目，让学生开发一个创新的机械装置，以解决特定的生产问题。在这个过程中，学生需要综合运用所学知识，进行设计、测试和改进，这不仅可以增强他们的创新能力，还可以提升其实际操作水平。

课程设计应鼓励跨学科的学习和项目，以促进学生在不同学科知识的交叉应用中培养创新思维。中职教育的课程内容涵盖多个领域，通过跨学科项目，学生可以在不同学科知识之间建立联系，综合运用各种知识解决复杂问题。例如，在信息技术和艺术设计课程中，教师可以设计一个项目，让学生结合计算机技术和艺术设计，开发创新的数字产品。通过这种跨学科的学习，学生能够从多个角度思考问题，探索创新解决方案。这种跨学科的项目不仅可以提高学生的综合能力，还有助于培养他们的创新思维。

课程设计还应注重培养学生的自主学习和探索能力。教师可以设置一些开放性的任务或项目，鼓励学生根据自己的兴趣和专业方向进行探究与创新。例如，学生可以选择自己感兴趣的课题进行自主研究和创新设计。这样的自主学习能够激发学生的学习热情，让他们在探索中不断突破自我，锻炼创新思维。教师可以提供资源支持和指导，帮助学生在自主学习过程中取得更好的效果。

为了进一步强化创新思维的培养，课程设计中还应包括多样化的评估机制。评估不仅是对学生知识掌握情况的考查，而且是对学生在实践项目中表现及创新思维展现的考查。例如，教师可以设计评估指标，考查学生在解决问题过程中的创造性、跨学科应用能力及团队合作能力。通过多样化的评估，教师可以了解学生创新思维的发展情况，并根据评估结果进行有针对性的指导和改进。

（二）教师专业发展

为了有效引导学生培养创新思维，教师需要不断接受关于创新教育的培训，并掌握新的教学方法和技术。这不仅是提升教师自身教学水平的重要路径，而且是满足中职学生日益增长的创新能力培养需求的必然步骤。教师专业发展必须涵盖创新教育的最新理论和实践。随着教育技术的发展和教学理念的更新，教师需要不断学习和掌握新的教学方法，以适应教育环境的变化。例如，项目式学习和案例分析等教学方法已经被证明能够有效提升学生的创新能力和问题解决能力。通过这些方法，教师能够设计出真实世界中的复杂项目，激发学生的创造性思维，使他们在解决实际问题的过程中，锻炼创新能力。这些方法不仅可以提高学生的动手实践能力，还可以帮助他们在多变的工作环境中保持竞争力。

创新教育不仅包括教学方法的革新，还包括教育工具和技术的更新。例如，数字化工具和在线学习平台能为学生提供丰富的资源与灵活的学习方式，教师可以通过这些工具来创建互动性强的学习环境，鼓励学生进行自主探索和合作学习。通过对这些技术的培训和应用，教师可以帮助学生在实践中更好地培养创新思维，并适应未来的职业需求。

教师的专业发展还应注重跨学科知识的融合。创新思维往往源于不同学科知识的交会，因此教师需要具备一定的跨学科教学能力。例如，在设计课程时，教师可以结合多门学科的内容，如将信息技术与机械工程相结合，设计出能够激发学生创新思维的项目。通过这种跨学科融合的教学方法，教师能促使学生在不同领域的知识中找到创新的解决方案，从而提升他们的综合能力和创造性思维能力。

教师还需要不断改进和更新教学方法，以增强学生的创新能力。传统的教学模式往往过于注重知识的讲授，容易忽视学生实际操作和创新能力的培养。教师在不断学习和实践的过程中，需要将项目式学习、案例分析、翻转课堂等创新教学方法融入课堂中。这些方法能帮助学生在解决实际问题的过程中，发展出更有创造性的思维方式。例如，通过项目式学习，学生能够在解决真实问题的过程中运用所学知识进行创新，从而更好地培养创新思维。

教师专业发展的另一个重要方面是反思和反馈。教师在教学过程中需要不断进行自我反思，了解自己在创新教育方面的不足，并通过专业发展培训和同行交流来不断改进教学实践。教师之间的经验分享和合作也能为创新教育提供新的思路与方法，从而更好地满足学生的创新能力培养需求。

第二节　中职学生核心素养培养的指导思想与方法

一、中职学生核心素养培养的指导思想

（一）坚持立德树人根本任务

当前，将立德树人作为教育的根本任务，既是教育事业的内在要求，也是社会发展的需要。该理念强调的是德育在教育工作中的首要地位，把育人放在教育的核心位置。立德树人要求学生不仅要在学业上有所成就，而且要培养良好的品德、态度和价值观，成为社会所需的合格公民和优秀劳动者。

立德，即树立正确的道德观念和行为准则，使学生具备诚实守信、遵纪守法的基本品质；树人，要求学生在扎实的专业技能基础上，具备良好的心理素质、人际交往能力和自我管理能力，能够快速适应复杂多变的社会环境。中职学校的使命在于培养“大国工匠、劳动模范”。这与传统教育的一些理念有所不同，不

是单纯追求学生的学术成就或管理才能，而是注重实用技能的培养和职业素养的塑造。中职学校应该为学生提供实践锻炼的机会，让他们在实际的工作岗位上学以致用，锤炼自己的工匠精神和劳动态度。这种培养方向不仅符合国家经济发展的需要，还可以为学生个人的职业发展奠定坚实的基础。

为避免方向偏离，要确保教育目标与实际需求紧密对接。如果中职学校的教育导向与社会实际岗位的需求背道而驰，那么培养出来的学生可能会面临就业能力不足、适应能力差等问题。因此，中职学校在制定课程设置、教学方法和评价体系时，应充分考虑到社会的变化和行业的需求，确保学生所学习的内容和技能与市场需求相匹配，在毕业后能够顺利就业并为社会经济发展贡献力量。在实现这个目标的过程中，中职学校需要不断完善教育教学体系，注重教师队伍建设和教育资源配置，确保教育质量和教学效果。同时，中职学校还应加强与社会各界的交流与合作，开展校企合作、实习实训基地建设等，为学生提供更多的实践机会和职业发展支持。

（二）落实以生为本教育理念

教育的本质在于以生为本。该理念不仅是教育实践的核心，而且是确保教育成果真正服务于学生个体发展的基础。将以生为本的理念贯穿到教育和教学的全过程中，需要学校在环境建设、文化建设、活动设计、教学实践和生活管理等方面全面发展，以确保每个学生能感受到自己是学校的主人，而非被动接受管理的对象。

学校的环境建设非常重要。以生为本的学校应营造出温馨、和谐、充满活力的校园氛围。这不仅包括舒适的教室和良好的生活设施，还包括多样化的学习和活动空间，如图书馆、实验室、体育场所等，从而为学生提供多样化的学习和成长环境。

文化建设是落实以生为本理念的重要组成部分。学校文化应当强调尊重、包容、互助和创新，鼓励学生发挥个人特长和潜能，提倡学习共同进步和团队合作。这种文化氛围有助于激发学生的学习动力和创造力，使他们在成长过程中感受到被理解、被支持。

活动设计和教学实践是实施以生为本理念的重要手段。通过班会、游戏活动等形式，学生可以展示个人才艺，增强自信心和团队合作精神。利用班级微信群和其他社交平台进行交流，有助于培养学生的沟通技巧和信息管理能力。此外，教师通过批改周记、交流谈心等方式，能循序渐进地培养学生的核心素养，如品德、人文素养和自我管理能力。

生活管理也是以生为本理念的具体体现。学校应关注学生的生活品质和身心健康，提供良好的饮食、住宿和心理支持服务。通过规范的生活管理制度和关怀服务，学校可以有效促进学生的健康成长和全面发展。

实施以生为本的教育需要全体教职员工的共同努力和持续改进。教师应关注学生的个体差异，采用多样化的教学方法和评价手段，关注每个学生的成长需求和心理发展。学校管理者需要制定科学的管理政策，为教师提供良好的教育教学环境和发展空间，从而促进学校整体教育水平的提升。

（三）工匠精神培养贯穿始终

工匠精神，作为一种既传统又现代的价值理念，不仅是对技术工艺的追求，而且是对生活、事业和社会的高度敬重与奉献。在中职学校的教育教学中，如何有效地认同和培养工匠精神，是一个重要课题。这不仅涉及学生的职业发展，而且涉及他们未来作为社会一员所能贡献的深度和广度。工匠精神的核心特征在于注重细节、寻求至善。这种精神要求个体在工作中不断追求完美，从每个小细节到整体的完整性都能展现出精益求精的态度。

工匠精神强调严谨、注重规矩。这不仅体现在技术操作的标准化和规范化上，而且体现在对待工作的严肃和认真上。在教育教学过程中，学校可以通过严格的纪律要求和规章制度，引导学生养成严谨的工作态度和规范的行为习惯，从而为将来适应复杂的工作环境做好准备。

耐心专注和敬业乐业是工匠精神的重要表现。这种精神要求个体在工作中不畏艰辛，坚持不懈地追求进步。通过在实习和技能培训中的持续努力，他们能培养出忍耐力和毅力，同时也会从工作中获得成就感和满足感。

思想政治教育应当引导学生正确理解和珍视工匠精神的内涵与价值，不仅要理解表面的劳动奉献，而且要理解其中蕴含的技术深度和职业精神。课程教学要贯彻工匠精神的理念，可以通过技能训练和实践活动，培养学生的技术能力和工作态度。同时，社团活动和校园文化建设也应当为学生提供展示与实践工匠精神的平台，如技能大赛、工艺展示等，让学生在竞争中成长，在合作中进步。

评价体系的建立十分重要。应当通过多维度、多层次的评价手段，全面评估学生的工匠精神培养情况，包括技能水平的提升、工作态度的表现、团队合作能力的培养等方面。只有这样，才能真正激励学生在学习和工作中发挥出工匠精神的力量，为社会的发展和进步贡献自己的才能和力量。

（四）注重实践能力与创新创业精神的培养

在中职学校的教育体系中，实践能力和创新创业精神的培养是关键环节，直接关系到学生未来从事一线工作的能力和素质。中职学生因其特殊的教育背景和职业定位，需要在实践中培养出扎实的操作技能和创新意识，以应对日益复杂多变的社会需求。

实践能力在中职教育中占据着重要位置。中职学生未来将面对的是直接的工作岗位和实际操作，因此他们的动手能力和实际操作技能是其职业发展中非常重要的一部分。通过课程设置、实习实训等形式，学校可以帮助学生在真实的工作场景中学习和应用所学知识，逐步提升其操作技能和问题解决能力。例如，通过模拟工厂环境、实际生产线操作等方式，学生可以真实地体验到工作中的挑战和要求，从而提前适应职场环境。

创新创业精神的培养也是中职教育的重要任务。尽管创新创业对中职学生来说是一项挑战，但正是这种挑战性和复杂性，使其具有更高的价值和意义。中职学生通常具有较强的动手能力和思维活跃性，这为他们的创新激情提供了天然的土壤。学校可以通过创业实践项目、技术改进设计、问题解决竞赛等方式，激发学生的创新潜能，引导他们在实际应用中发现问题、提出解决方案，并将创新成果转化为实际的产品或服务。

将实践能力与创新创业精神融入学生培养的全过程至关重要。这需要学校在课程设置、教学方法和评价体系上进行全面的改革与创新。此外，建立健全创新创业的支持体系，包括创业导师制度、创业孵化平台等，可以为学生提供创新创业的场所和资源支持，从而真正促进学生的全面发展和职业成长。

二、中职学生核心素养培养的方法

（一）系统设计学生核心素养培养的全过程

在中职学校的育人过程中，不能偏废任何一方面，而应当系统设计、全程贯穿，确保学生在学习和生活中全面发展。

品德素养是核心素养的多方面要素之一。品德是一个人行为举止的准则和信念的体现。它既体现在个人的道德行为和社会责任感上，也会影响个人在职场上的表现和人际关系。在中职学校中，德育应该贯穿始终，通过思想政治课、职业道德教育等课程和活动，引导学生树立正确的人生观和价值观。

人文素养是另一个重要的核心素养要素，包括对文化、历史、艺术等人文领域的理解和尊重，以及对人类思想、情感和价值的体验与反思。中职学校可以通过开设基础文化课程、组织文化艺术活动等方式，培养学生的人文情怀和审美能力，从而使其在职业发展中不仅具备技术能力，还能在各种情境下展现出卓越的综合素养。

技能水平是中职学校的核心教育内容之一。中职学校旨在为学生提供实际操作技能和职业技术培训，确保他们在毕业后能够达到特定行业或职业的工作要求。技能培训课程和实习训练不仅是学生学习与成长的重要平台，而且是其职业发展的基础。通过参加技能大赛、实习实训和顶岗实习等活动，学生不仅能提升自身的技术水平，还能锻炼团队协作能力和问题解决能力。

身心健康也是核心素养中不可或缺的部分。学校应关注学生的身体健康，通过体育活动和健康教育课程，帮助学生养成良好的生活习惯和运动习惯。同时，心理健康也同样重要，中职学校可以通过心理辅导、个性化关怀等方式，关注学生的心理状态，帮助他们保持积极向上的心态以及培养情绪管理能力。

中职学校应采取系统化的育人模式，将德育、智育、体育、美育、劳动教育等教育元素有机融合起来。从入学教育和军训开始，学校就应该注重培养学生的集体荣誉感和团队协作精神。在基础课学习阶段，学校应注重学科的基础教育和学科素养的培养，帮助学生掌握基础知识。在实习训练和技能大赛中，学校要着重培养学生的实际操作能力和创新精神，引导他们在实践中学习、在挑战中成长。

在课程设计上，中职学校应当将核心素养的概念融入各门课程中，使之贯穿整个学习过程。无论是思想政治课、职业道德教育、法治教育还是专业课和实习实训课程，都要以培养学生的核心素养为目标，通过课程教学和实践活动，全面提升学生的素质和能力。

在活动组织上，中职学校可以通过德育活动、劳动活动、体育活动、社团活动等多样化的活动形式，有机渗透核心素养的培养。这些活动不仅可以丰富学生的课余生活，还可以在活动中培养学生的领导力、团队精神和社会责任感。

（二）将核心素养培养融入课程体系

核心素养涵盖品德、人文素养、技能水平、身心健康等多个方面，它们相互关联、相辅相成，是学生综合素质发展的基础和保障。在学校教育中，如何有效建立核心素养与学科课程之间的联系，是实现教育目标和提升教育质量的关键。

核心素养的落实需要通过学科课程来进行。学科课程是学生学习和成长的主要阵地，是他们获取知识、掌握技能、培养能力的重要平台。为了确保核心素养在课堂教学中得到体现，需要在教学设计中贯彻核心素养的指导思想和理念。例如，在思想政治课程中，不仅要传授政治理论知识，还要引导学生树立正确的社会主义核心价值观和道德观；在专业技术课程中，不仅要传授专业技能，还要培养学生的团队合作精神和问题解决能力。这种整合使学科教学不只是知识传授，还是素质教育的载体和实践平台。核心素养的培养也需要依赖各门学科独特育人功能的发挥。每门学科都有其独特的教育功能和本质魅力，如语文课程可以强化学生的语言表达能力和文学鉴赏能力，数学课程可以培养学生的逻辑思维和问题解决能力，艺术课程可以提升学生的审美能力和创造力。学校应充分发挥各门学科的育人功能，通过跨学科的教学设计和资源整合，实现核心素养在学科学习中的全面渗透与贯彻。为了有效实施核心素养培养，可以采取以下几种手段：

1. 以核心素养培养为主线，推进课程整合

中职学校不仅要传授学科知识和职业技能，而且要通过跨学科的课程设置和项目式学习任务，推动学生在跨学科学习中的综合发展，提升综合素养。

中职学校可以通过开设跨学科课程来促进核心素养的培养。跨学科课程不是单一学科知识的简单组合，而是通过跨越学科界限，结合不同学科的理论和实践，帮助学生深入理解和应用知识。例如，教师可以设计一门融合了文学、历史和艺术的课程，让学生通过阅读文学作品来理解历史事件的文化背景，并通过艺术表达来探索历史人物的形象。这样的课程设置不仅能增强学生的学科理解能力，还能培养其批判性思维和创造力。

项目式学习是另一种推动核心素养培养的有效途径。项目式学习强调学生在解决实际问题或完成任务过程中的自主学习和团队合作能力。在项目式学习中，学生通常需要整合多门学科的知识和技能，分析问题、提出解决方案并实施行动。例如，一个关于可持续发展的项目可能涉及环境科学、经济学、社会学等多个领域，学生需要在这些领域的知识基础上，共同探索如何平衡经济发展与环境保护之间的矛盾。

中职学校可以组织跨学科的教学活动，促进不同学科之间的交流和融合。例如，可以安排跨学科的专题讨论或研讨会，邀请不同学科的教师和行业专家共同参与，围绕某个主题展开深入讨论和研究。这种形式的活动不仅能拓宽学生的学科视野，还能激发他们的创新思维和创新能力。同时，中职学校还可以通过跨学科的实习和实训项目，让学生在模拟的情境中跨越学科的边界，提高解决实际问题的能力，并结合所学知识进行创新实践。

2. 以核心素养培养为目标，进行教学设计

教师的教学设计应当以核心素养培养为主线，旨在通过个性化和综合性的教学活动，促进学生全面发展和核心素养的提升。核心素养培养需要明确具体的培养目标。

教师在设计教学活动时，应明确选择并突出其中的一个或多个核心素养作为主要培养目标，并确保这些目标与学科内容紧密结合，能有效提升学生在特定领域的综合素养。个性化教学设计是推动核心素养培养的重要策略之一。中职学生的学习背景和兴趣爱好差异较大，因此教师应根据学生的实际情况和发展需求，设计符合其成长特点和学科特性的教学活动。例如，对于技术类课程，教师可以设置项目式学习任务，让学生通过实际操作和解决问题的方式，培养创新能力和问题解决能力；而在商业管理类课程中，教师可以组织模拟企业运营的活动，培养学生的领导力和团队合作精神。

多元化的教学方法和评价方式是培养核心素养的关键。教师可以结合讲授、讨论、案例分析、实验、实习等多种教学方法，为学生提供丰富的学习体验和机会，从而激发他们的学习兴趣。在评价方面，除了传统的考试和作业，还可以采用项目报告、成果展示、同行评审等形式，全面评估学生在核心素养培养中的表现和成长。

跨学科融合和整合是推动核心素养培养的重要途径之一。教师可以设计跨学科的课程或教学活动，让学生在多门学科的交叉学习中，理解和应用不同学科的知识和技能。例如，可以通过一门整合了语言艺术、科学技术和社会学的课程，让学生在探索科技发展对社会文化影响的同时，培养其批判性思维和跨学科整合能力。

教师在教学设计中还应注重情感教育和价值观引导。核心素养的培养不仅关注学术能力，而且关注学生的综合素质和社会责任感。教师通过引导学生参与社会实践、讨论伦理道德问题、鼓励他们积极表达和分享想法，能帮助学生树立正确的人生观和价值观，为其未来的职业发展和社会生活奠定坚实的基础。

3. 以核心素养培养为主导，实施课堂教学

采用启发式教学有助于培养学生的思维能力和创新能力。在这种教学模式下，教师不再简单地向学生传授知识，而是通过提出开放性问题或模拟真实情境，引导学生自主探索和发现解决问题的方法与策略。例如，教师可以提出一个实际的技术挑战，要求学生设计和实施解决方案，从而培养他们的创新能力和问题解决能力。

探究式学习是培养学生批判性思维和实际操作能力的重要手段。教师可以设计具有探索性质的学习任务和项目，让学生通过实际操作和案例分析，深入理解学科知识，并将其应用到解决实际问题中。例如，学生可以通过模拟经营实践，学习并运用市场营销策略、财务管理技能等，从而培养他们的实际操作能力和跨学科整合能力。

问题驱动式学习可以帮助学生培养问题解决能力和实际操作技能。通过引入真实的行业问题或社会问题，教师可以激发学生的学习动机和探索欲望，促使他们动手解决在现实生活中遇到的问题。例如，在环境保护课程中，教师可以组织学生研究并提出提高当地环境质量的方案，通过实地调研和数据分析，培养学生的信息分析能力和解决方案的创新能力。

4. 以核心素养培养为指标，改革教学评价

与传统的学术成绩评估不同，核心素养评价更加注重学生的综合素质和能力发展，涵盖批判性思维、创新能力、沟通能力、团队合作精神等多个方面。因此，为了有效推动核心素养的培养，中职学校应当改革和创新教学评价方式，使之能够全面反映学生的学习过程和成长情况。

多元化的评价手段是实施核心素养培养的关键。传统的考试评价往往偏重知识的记忆和应用，无法全面评估学生的核心素养。相比之下，作品展示是一种有效的评价方式，通过学生的实际作品展示，可以展现他们在解决问题、创新设计或者实践操作中的能力和成就。例如，学生可以展示自己设计的应用程序、制作的机械模型或者完成的工程项目，评估自己的创新能力和实际操作技能。

口头表达评估是另一种重要的评价方式，能够有效衡量学生的沟通能力和表达能力。通过学生的演讲、辩论、团队讨论等活动，教师可以评估学生在表达观点、说服他人和倾听他人意见等方面的能力。例如，在社会科学课程中，学生可以参与模拟联合国会议或者社区问题论坛，展示他们理解和解决社会问题的能力。

实际操作评估是培养学生实际操作能力和团队合作精神的重要手段。通过项目式学习或者实习实训，学生能够在真实的工作环境中应用所学的知识和技能，并与他人协作完成任务。例如，学生可以参与校内企业实习项目，担任市场调研、销售策划或者客户服务等工作角色，评估他们在实际工作中的表现和成长。

教学评价的改革还应强调个性化和反馈性。个性化评价意味着要根据学生的学习特点和发展需求，量身定制评价方式和标准，以确保评价的公平性和有效性。例如，针对不同学生的学习目标和能力水平，教师可以设计不同层次的任务和评价标准，鼓励每个学生在自己的发展轨迹上取得进步。同时，评价应具有反馈性，及时向学生提供详细的评估结果和建议，帮助他们发现并改进自己的不足之处，以及提升自己的能力。通过建立良好的师生沟通机制，教师可以与学生讨论评价结果，共同制订下一步的学习计划和目标，促进他们在核心素养方面的持续成长。

（三）全面提升教师的核心素养

中职学校的教师不仅是知识传递的实施者，而且是学生核心素养培养的关键推动者和引领者。由于中职学生文化基础相对较弱，并且在学习习惯和自信心方面面临挑战，因此教师的素质和能力对于学生的成长和发展来说至关重要。教师不仅需要具备扎实的专业知识和技能，还需要具备强烈的责任感、教育情操和强大的教育创新能力，以引导学生全面发展、提升核心素养。

教师的专业知识和技能是教学工作的基础与保障。中职学校的教师需要掌握深入的专业知识，包括所教授的技术和学科的前沿动态，以确保教学内容的准确性和时效性。这不仅要求教师具备良好的学科背景和专业能力，还要求他们能够将抽象的理论知识转化为学生能够理解和运用的实际技能。

道德素养是教师不可或缺的重要品质。教师不仅要在学术上有所建树，而且应具备高尚的师德和人格魅力。他们应该以身作则，引导学生树立正确的价值观和行为准则，培养学生的社会责任感和公民意识。教师的言传身教对学生的影响尤为深远，他们的行为和态度会直接影响学生的学习态度与品德修养。

教师应具备发展素养，即在不断变化和发展的社会环境中，具备适应和成长的能力。教育教学领域正在快速发展，新技术、新理念不断涌现，教师需要保持学习的姿态，不断更新教学方法和策略，以适应不同学生的需求和学习背景。

教师还应具备跨学科教学能力，能够将不同学科的知识和技能有机结合，促进学生综合素质的全面提升。

良好的心态和沟通能力也是中职教师必备的素养之一。教学工作常常面临挑战和压力，教师需要具备坚韧不拔的精神和积极向上的心态，以应对各种复杂的情况和学生的个性化需求。同时，教师与学生、家长和社会各界的沟通也十分重要，只有通过有效沟通，教师才能更好地理解学生的需求，引导他们健康成长和全面发展。

教师的创新能力是推动教育发展的关键。教师应不断探索新的教学方法和策略，结合学科特点和学生需求，设计和实施创新的教学活动。教师可以通过跨学科整合、实践性教学等方式，激发学生的学习兴趣和创造力，培养其问题解决能力和创新精神。

第三节　中职学生核心素养培养的价值与对策

《教育部关于全面深化课程改革落实立德树人根本任务的意见》提出：要根据学生的成长规律和社会对人才的需求，把对学生德智体美全面发展总体要求和社会主义核心价值观的有关内容具体化、细化，深入回答“培养什么人、怎样培养人”的问题。教育部将组织研究提出各学段学生发展核心素养体系，明确学生应具备的适应终身发展和社会发展需要的必备品格和关键能力，突出强调个人修养、社会关爱、家国情怀，更加注重自主发展、合作参与、创新实践。

这一界定反映了当今社会和未来发展的需求，强调了教育在培养全面发展的人才的过程中需要关注的几个关键方面。核心素养不仅包含知识的积累，还包含学生在实际生活中运用知识解决问题的能力。这种能力包括批判性思维、创新能力、合作能力等，能够帮助学生在面对复杂多变的社会环境时做出明智的决策和有效的行动。核心素养强调了品格的重要性。品格不仅包括诚信、责任感等道德品质，还包括坚持、勇气、自律等个人品质。这些品格能够帮助学生在面对困难和挑战时，保持积极的态度和坚韧的精神，从而不断进步和成长。核心素养还涉及社会性能力的培养。现代社会是一个高度互联的社会，学生需要具备良好的沟通能力和团队合作能力，才能与他人进行有效互动，实现共同目标。

一、培养中职学生核心素养的价值

（一）培养核心素养有助于学生实现自我价值

核心素养涵盖广泛的能力和素质，包括批判性思维、创新能力、沟通能力、团队合作精神及自我管理能力等，这些能力不仅在学术上具有重要意义，而且在个人发展和职业成长中发挥着关键作用。

核心素养的培养有助于学生掌握自主学习和自我管理的能力。在信息时代，学生需要具备持续学习的意识和能力，能够主动获取、分析和应用知识。批判性思维和信息分析能力使他们能够从海量的信息中提炼出有用的内容，判断信息的真实性和价值，并做出明智的学习选择。同时，自我管理能力使他们能够有效地规划学习时间、设定学习目标，并持之以恒地推动自己的学习进程，这种能力是持续学习的基础。

核心素养的培养有助于学生在面对复杂多变的社会情境时更加从容和自信。创新能力使他们能够在解决问题和应对挑战时寻找新的思路与方法，不断追求改进和创新。沟通能力和团队合作精神使他们能够有效地与他人交流、合作，共同解决问题并达成共识。这些能力不仅可以在学术上有所体现，而且可以在社会交往、职业发展和个人成长中展现出重要价值。具备核心素养的学生能更好地应对职业发展中的挑战和变化。随着社会和技术的不断发展，职业领域的要求也在不断变化，需要员工具备灵活性和适应性。通过培养核心素养，学生不仅能掌握必要的技术和专业知识，还能应对工作中的不确定性和挑战，提出有效的解决方案并实施行动。最终他们能够积极适应新的工作环境和角色要求，成为职场中有价值的团队成员或领导者。

核心素养的培养还有助于学生在个人生活中实现自我价值。通过培养自信心和决策能力，学生能够更加自信地面对生活中的各种挑战和抉择，从而积极追求个人目标和理想。最终他们能够认识到自己的优势和潜力，并努力发挥和完善自己的才能，不断提升自身的竞争力和影响力。

（二）培养核心素养有助于学生全面发展

核心素养的概念已逐渐深入教育界的理念和实践中，不再局限于传授知识，更强调学生在独立思考、解决问题和创新创造等方面的能力。这种教育目标的核心是培养学生在面对复杂多变的环境时，能够运用批判性思维和创造性思维，提出有效的解决方案。通过这样的教育方式，学生不仅能应对当前的学习任务，还能适应未来社会的发展需求，成为具有适应力和竞争力的公民。

培养核心素养有助于学生提升批判性思维能力。批判性思维能力不仅包括理解和分析问题的能力，而且包括审视信息的真实性和价值、识别出信息中的偏见或局限性的能力。这种能力既有助于学生在学术研究中做出准确且有深度的判断，也能帮助他们在日常生活和职业发展中做出明智的决策。例如，学生可以通过批判性思维分析历史事件的多重因素，并从中吸取教训，为未来的社会参与做好准备。

核心素养的培养涉及创造性思维和创新能力的培养。培养创造性思维有助于学生学会从不同的角度思考问题，提出新颖的见解和解决方案。这种能力对于解决新问题和推动社会进步至关重要。例如，在科学与技术领域，学生通过创造性思维可以设计新的实验方法或者开发创新的科技产品，从而促进技术升级和社会发展。创新能力既是技术上的创新，也体现在艺术、文化和社会管理等多个领域上，可以为社会带来多样化的价值和成果。

全面发展还体现在学生智力、情感和社会性等方面的均衡发展上。这意味着学生在学习过程中不仅要关注知识和技能的积累，而且要注重个人品格的塑造、情感态度的培养以及社会责任感的培养。通过课堂教学、社会实践和校园活动，学生可以参与团队合作、领导管理及公益活动，从而培养出全面发展的社会能力和领导才能。这些能力不仅会在学术上有所体现，而且会在日常生活和职业发展中产生积极的影响。

核心素养的培养可以为学生在未来生活中应对各种挑战奠定坚实的基础。在这个竞争异常激烈和社会变革十分迅速的时代，具备批判性思维、创造性思维和全面发展能力的学生能够更好地适应变化，勇于面对挑战，并在挑战中找到机遇。这种教育理念不仅关注学生的个人发展，而且关注他们作为社会成员的责任和贡献，从而为建设和谐进步的社会奠定重要的人才基础。

（三）培养核心素养有助于提升教育质量

通过激发学生的学习兴趣和主动性，教师能引导他们深入理解和运用所学知识，从而培养他们的实际操作能力和创新能力，进而提升整体教育质量。教师在教学中应注重激发学生的学习兴趣和主动性。学习兴趣是学生学习动力的源泉，是他们投入学习并持续探索的基础。教师可以通过生动的教学方式、富有启发性的案例分析和实际应用场景的引入，激发学生的好奇心和求知欲。例如，教师可以通过实验和观察，让学生亲身体验科学原理，从而增强他们对科学的兴趣和理解。

培养学生的核心素养需要教师关注学生的深度理解和应用能力。不同于传统的知识传授，核心素养的培养注重学生对知识的深入掌握和实际运用。教师可以通过项目式学习、探究式学习和问题驱动式学习的教学方法，引导学生自主探索、积极参与，从而提升他们解决实际问题和创新的能力。例如，在社会学科中，教师可以组织学生开展社会调查和项目研究，让他们从实际问题中学习理论知识，并提出解决方案，培养他们的批判性思维和创新思维。

高质量的教育不仅要关注学生的学术成绩，而且要重视他们综合素质的提高。核心素养的培养使学生在提高学术成绩的同时，也可以具备团队合作、沟通表达、问题解决和创新创造等多方面的能力。这些能力不仅在学校中有所展现，而且能够为学生未来的职业发展和社会生活奠定坚实的基础。例如，学生在团队合作项目中可以学会沟通与协作，在解决问题时可以展现出批判性思维和创新思维，这些都是他们未来成功所必需的技能和素质。

核心素养的培养是社会发展和创新的重要保障。随着科技发展和社会变迁的加速，未来社会对人才的需求将更加多样化和复杂化。具备批判性思维、创新能力和团队合作精神等核心素养的学生，能更好地适应这些变化，为国家的持续发展和创新提供坚实的人才支持。

二、培养中职学生核心素养的对策

（一）转变教学方式

当前，以灌输式教学为主的传统教学方式已经不再符合现代职业教育的教学规律，取而代之的是以探究式教学为主的新型教学方式。中职学校的教师在培养学生核心素养的过程中，应该坚持以学生发展为本的理念，引导学生自主学习，积极参与课堂活动，让学生“动”起来，让课堂“活”起来。中职学校的教师需要在多个方面进行创新和改进：一是应转变教育理念，从传统的知识传授者转变为学生学习的引导者和促进者；二是需要意识到每个学生都有独特的潜力和兴趣，在教学过程中应尊重学生的个体差异，激发他们的学习热情和主动性；三是不仅要传授知识，还要培养学生的批判性思维、创新能力和实践能力，使他们在未来的职业发展中更有竞争力。

教师需要改进教学方法，采用多样化的教学策略和手段。例如，项目式学习、案例教学、角色扮演等方法都可以有效激发学生的学习兴趣和参与热情。通过这些方法，学生不仅能更好地掌握知识，还能在实际操作中锻炼自己的能力，增强学习的趣味性和实践性。教师还应创新教学内容，设计具有挑战性和实际应用价值的任务。这些任务不仅要贴近学生的生活和职业需求，还要能引导学生深入思考和解决问题。例如，在旅游专业课教学中，教师可以设计一个项目式学习任务，让学生创作关于当地历史文化的纪录片。在这个项目中，学生需要进行调查研究，学习拍摄和剪辑技巧，并最终完成一个完整的作品。通过这样的任务，学生不仅能深入了解当地的历史文化，还能将所学的知识应用到实际情境中，从而培养他们的主动学习能力和实践能力。教师还可以通过组织学生展示自学和讨论的成果，增强他们的获得感和成就感。例如，可以安排学生站在讲台上展示他们的学习成果，分享他们的研究过程和体会。这样的活动不仅能增强学生的自信心和语言表达能力，还能促进学生之间的交流与合作，营造良好的学习氛围。

（二）创设教学情境

情境教学法是一种备受师生青睐的教学方法，因其生动直观的特点而得到广泛应用。通过独特的情境设计，教师能够吸引学生的注意力，激发他们的兴趣，并引发他们的情感共鸣，使其迅速融入教学过程中。这种教学方法尤其适用于中职学校，因为有的中职学生的知识基础比较薄弱，在面对枯燥、复杂的理论知识时，容易失去学习兴趣，甚至产生不良的学习心态。因此，在中职学校的课堂教学中创设教学情境，激发学生的学习热情和兴趣显得尤为重要。中职学校的教师可以利用多种资源（包括图片、案例、短视频、故事等）来创设形式多样的教学情境。这些资源不仅能生动地呈现教学内容，还能为学生提供丰富的感性材料，使他们在真实或模拟的情境中进行学习，增强学习的趣味性和实效性。例如，在地理教学中涉及“城市规划与建设”这部分内容时，教师可以采用情境教学法进行教学。

首先，教师可以利用多媒体技术向学生展示不同城市的规划图和实景照片，让学生直观地感受到城市规划的重要性。通过视觉上的冲击和信息的传递，学生可以对城市规划有初步的认识和理解。其次，教师可以引入具体的案例，如某个城市的成功规划实例或失败的教训，通过具体的情境和故事，引发学生的兴趣和思考。最后，教师可以设计一个互动环节，让学生来扮演城市规划师。教师可以指导学生进行分组讨论，根据已有的条件和资源，设计一套城市规划方案。学生需要综合运用所学知识，进行实地调查、数据分析、方案设计等。这不仅能加深他们对城市规划的理解，还能培养他们的团队合作能力、创新思维和问题解决能力。

在整个教学过程中，教师可以不断引导学生进行反思和总结，帮助他们将理论知识与实践经验相结合。例如，教师可以组织学生展示和讲解他们的规划方案，并进行互评和讨论。通过这种交流和互动，学生能学会从多个角度看待问题，进一步提升综合能力。这样的教学方式不仅能使学生掌握城市规划的基本知识，还能激发他们的学习兴趣和动力。通过体验知识应用的乐趣，学生的自信心和成就感都会得到增强。此外，通过这样的情境教学，教师能更好地培养学生的创新思维和综合能力，帮助他们养成良好的学习习惯和积极的学习态度，从而全面提升他们的核心素养。

（三）开展跨学科合作

跨学科合作是中职学校教师在培养学生核心素养的过程中的重要策略。通过跨学科合作，教师能够设计更加复杂多样的任务，这不仅有助于提升学生的问题解决能力和合作协调能力，还能全方位提升他们的核心素养。教师可以设计跨学科的课程项目或活动，将不同学科的知识与技能有机融合。例如，在经济管理课程中，教师可以引入市场营销、财务管理、信息技术等相关专业的知识模块，使学生了解这些学科知识如何在实际的管理决策中相互作用。通过这样的整合教学，学生能获得更加全面和立体的知识体系，更好地理解在实际工作中的综合应用。同时，教师在设计课程项目时，可以通过实际案例分析、模拟商业环境等方式，让学生在真实的情境中进行学习和实践，进一步提升他们的实战能力和应变能力。

教师还可以与其他学科的教师密切合作，共同开展跨学科的课程项目。这样不仅可以促使学生在学习过程中建立起不同学科之间的关联，丰富他们的知识结构，还可以培养他们的综合思维能力。例如，教师可以组织一场小组项目创意展活动，要求学生合作设计和制作校园文化展品。学生需要运用艺术设计、历史文化、信息技术等多方面的知识和技能，展示校园文化的丰富内涵。在完成团队任务的过程中，学生需要共同制订计划、沟通协调和分工合作，以确保项目的顺利进行。这种跨学科合作的学习模式，不仅能提升学生的沟通能力和团队合作能力，还能培养他们的领导能力和组织能力。在项目执行过程中，学生需要面对各种挑战和问题，并学会解决冲突、分配任务、管理时间，这些都是在实际工作中非常重要的软技能。

跨学科合作还有助于促进知识的交流和共享，学生可以在与同伴的合作中学到不同学科的知识，拓宽自己的视野，丰富自己的知识体系。例如，在设计校园文化展品的过程中，艺术专业的学生可以向其他专业的同学传授设计技巧和美学原理，历史专业的学生可以介绍校园文化的历史背景和重要意义，信息技术专业的学生可以负责展品的多媒体展示和技术支持。通过这样的互动和交流，学生不仅能学到更多的新知识，还能体会到合作的乐趣。

（四）理论与实践相结合

针对中职学生的特点，教师应注重将理论知识与实践应用相结合，重视实践能力的培养。实践是培养核心素养的重要途径，通过参加各种实践活动，学生可以更好地理解知识，应用技能，锻炼解决问题的能力，提升自主学习、团队合作和批判性思维能力，从而全面提升核心素养。为此，中职学校的教师可以组织学生参与丰富多彩的实践活动，如实习、校企合作项目等，让学生接触真实的工作场景，深入了解所学知识的实际应用，精进技能，为未来进入职场开展实际工作奠定坚实的基础。根据专业特点，中职学校的教师可以组织学生参观相关企业，让学生全面且直观地了解企业的工作环境、工作条件及职工的工作状态。这种直观的体验能帮助学生将书本上的理论知识与实际工作联系起来，形成更具体的认识。

教师还可以引导学生开展讨论，了解企业的发展历程，分析企业的发展状况，使学生了解企业的核心竞争力与发展前景。这不仅能激发学生的兴趣，还能让他们对未来的职业道路有更清晰的认识。教师还应引导学生了解企业发展的市场环境、企业员工的成长规划等，以及熟悉企业各个岗位的工作技能要求。通过这样的认知，学生可以更好地了解市场需求，明确自身发展方向。例如，教师可以指导学生开展实习实训，使他们熟悉岗位操作技能，体验真实的工作流程和环境。通过亲身接触企业工作环境并实际操作，学生能够将理论知识与实践活动相结合，对所学专业的就业方向有系统且深入的认识。

在这些实践活动中，学生不仅可以锻炼实际操作能力，还可以培养沟通能力和团队合作精神。他们需要在实际工作中与同伴合作，共同解决遇到的问题，完成各项任务。这些实践经历将为他们的职业发展奠定坚实的基础，使他们在未来的工作中更有竞争力。

中职学校教师必须认识到核心素养的重要性。教师应通过积极参与学习培训、专业发展活动等，不断更新教育理念和教学方法，以适应未来中职教育的发展需求。教师只有保持教学活力和创造力，才能更好地肩负起培养学生的责任，为学生核心素养的培养和职业教育事业的发展贡献力量。为了做到这一点，教师需要不断学习和进修，掌握最新的教育理论和实践方法。通过参加各类培训和研讨会，教师可以学习到先进的教学理念和方法，并将其应用到实际教学中。此外，教师还应积极与企业、行业专家合作，了解最新的行业动态和需求，并将这些信息传递给学生，帮助他们更好地适应未来的工作环境。

第四节　核心素养对创新思维培养的指导作用

一、促进学生全面发展

（一）科学素养可以促进学生理性思维和逻辑分析能力的培养

科学素养有助于学生理解科学的基本原理和方法。科学素养使学生能够基于科学方法进行深入探索和实验，提出具有科学依据的创新方案，从而增强创新的科学性和可行性。科学素养为学生提供了理解复杂科学概念和原理的基础。通过系统的科学教育，中职学生能够掌握科学知识的核心内容，了解科学方法论的应用和实施过程。这种深入的科学理解不仅是为了取得学术成就，而且为学生日后的实际应用和创新奠定坚实的基础。例如，在物理和化学实验中，学生需要学习如何进行实验设计、数据收集和分析，这些都是培养科学素养和实验能力的重要步骤。

科学素养有助于培养学生的理性思维和逻辑分析能力。科学方法要求学生以客观、理性的态度分析问题、提出假设，并进行实验验证。这种逻辑分析能力使学生在面对复杂的技术或社会问题时，能够有条不紊地进行问题分解、数据收集和结论推理。这种思维方式对于创新过程尤为重要，因为它能帮助学生梳理创新想法的逻辑框架，评估可行性并做出合理的决策。

科学素养还可以促进学生对科学伦理和科学方法的理解与尊重。在科学研究和创新活动中，遵循科学规范和伦理准则是不可或缺的。通过培养科学素养，学生不仅可以了解科学研究的伦理要求，还可以在创新实践中注重数据的准确性和实验的可重复性，这些都是保证科学成果真实性和可信度的重要因素。科学素养在培养中职学生的创新思维中，强调实验和实践的重要性。通过参与科学实验和项目，学生能将所学的理论知识应用到实际中，从而加深对科学原理的理解和应用。这种实践性的学习不仅能帮助学生掌握科学方法，还能激发他们探索未知、挑战现有知识边界的勇气和兴趣。

（二）人文素养可以促进学生价值观、道德观和社会责任感的培养

人文素养涵盖历史、哲学、文学等多个领域的知识，可以培养学生的价值观、道德观和社会责任感。通过深入学习人文科学，学生能从更加广阔和深刻的

视角思考问题，关注人类社会的发展和需求，从而提出具有社会意义和人文关怀的创新想法。人文素养可以帮助学生理解和尊重人类的多样性与文化差异。通过学习历史和文学，学生能够了解不同时期、不同文化背景下的人类生活和社会发展。这种跨文化的视野不仅可以拓宽学生的知识面，而且可以培养他们的包容心和开放思维，能够在跨文化交流和合作中更加敏感且灵活地解决问题，这对于创新思维的培养具有积极的促进作用。

人文素养有助于培养学生的批判性思维和文化洞察力。通过学习哲学和艺术等学科，学生能够探索和分析复杂的伦理、道德和社会问题，提出具有深度和见解的观点与解决方案。例如，如果学生具备哲学的逻辑推理能力和文学的情感表达能力，就能在创新过程中更加细致地思考问题的多样性和可能性，从而提出更有深度和创新性的解决方案。

人文素养还强调学生的社会责任感。通过学习社会学和伦理学，学生不仅能理解社会发展的历史进程和现实问题，还能意识到个体在社会中的角色和责任。这种社会责任感使学生在创新过程中不仅考虑技术和经济效益，而且重视创新对社会、文化和环境的影响，提出可持续发展和社会公益性的创新解决方案。

人文素养可以通过文学作品阅读和艺术欣赏来培养学生的想象力和创造力。文学作品和艺术作品不仅能激发学生的审美情感，还能激发他们在创新过程中的创造性思维。例如，通过文学作品的阅读和艺术作品的欣赏，学生能够从文学和艺术中获取灵感，并将其应用到技术创新或产品设计中，从而产生独特且有影响力的创新成果。

（三）艺术素养可以促进学生创造性思维的培养

艺术素养不仅培养学生的审美能力，而且通过音乐、绘画、设计等艺术形式的学习，激发学生的想象力和创造性思维，帮助他们在创新过程中突破传统思维模式，以更独特、更具创意的方式解决问题。

艺术素养有助于培养学生的审美能力和感知能力。通过听觉艺术、视觉艺术和表演艺术等多种艺术形式的学习，学生不仅能感受到美的表达和情感的传递，还能培养对美的敏感性和理解力。这种审美能力不应只局限于艺术创作本身，还应在技术创新和产品设计中发挥重要作用，帮助学生提出更加完美的解决方案。

艺术素养可以激发学生的想象力和创意思维。艺术作品往往是艺术家或设计师通过想象力和创造力表达内心世界或观念的载体。通过学习艺术，学生被鼓励表达个人的独特视角和创意，从而在创新过程中能够提出与众不同、富有创意的解决方案。例如，在产品设计中，学生可以借用艺术的灵感和形式语言，设计出既实用又有美学价值的产品，从而增强产品的市场吸引力和竞争优势。

艺术素养有助于培养学生的表达能力和沟通能力。艺术作品通常是一种非语言的表达方式，通过色彩、线条、音符等符号语言传递思想和情感。学生在创作或表演艺术的过程中，不仅能锻炼自己的表达技巧，还能学会如何有效地与他人沟通和分享自己的创意。这种能力对于团队合作和跨学科的创新项目尤为重要，能够帮助学生在团队中有效地表达和传达自己的观点与创新想法。

艺术素养注重的是学生的情感和情绪表达能力。艺术作品往往通过情感和情绪的表达与观众产生共鸣和互动。学生培养自己对情感的敏感性和表达能力，不仅对个人成长有益，还能在创新过程中设计出容易引发用户情感共鸣的产品或解决方案。

二、培养学生的社会责任感和参与意识

核心素养在中职学生创新思维培养中，强调社会责任感和参与意识的重要性。这些素养不仅是个人品质的体现，而且是引导学生在创新过程中考虑社会价值和责任、提出对社会有益的创新方案的关键。社会责任感强调培养学生对社会问题的敏感性。通过了解社会需求和行业动态，学生能够意识到面临的各种挑战和问题，从而在创新过程中主动寻找解决方案。例如，当学生了解到环境污染问题日益严重时，他们可能会着手开发环保技术或制定可持续发展的商业模式，以减少对环境的负面影响。这种社会责任感不仅体现了学生的公民意识，还能激励他们为社会做出实际贡献。

参与意识可以促进学生在创新活动中团队合作能力和社会互动能力的提高。创新往往需要团队的协作和跨学科的融合，而参与意识使学生能够主动融入团队，并发挥个人优势。通过与不同背景和不同专业的人员合作，学生能够了解多元化的观点和经验，从而在创新方案的设计和实施中更有包容性与全面性。

社会责任感和参与意识还有助于培养学生的领导能力和项目管理技能。学生可能需要担任领导角色，协调团队资源，确保项目按时高效地完成，并产生实际的社会影响。通过这样的经历，学生不仅能提升自己的领导才能，还能培养解决问题的能力以及提高决策的果断性，这些都是创新思维中不可或缺的部分。

社会责任感和参与意识对学生职业发展与个人成长的重要性不言而喻。在竞争激烈的职场环境中，那些能够理解社会需求并且可以贡献创新解决方案的人才，往往更容易受到企业和社会的青睐。因此，中职学生应通过学校教育和实践

活动，积极培养社会责任感和参与意识，这不仅有助于他们成为具备创新能力的优秀人才，还能为社会发展和进步注入活力与动力。

第五节　中职学生创新思维培养的策略与方法

一、培养中职学生创新思维的策略

（一）明确教学目标，注重培养学生的实践能力

传统的教育模式侧重灌输和传授知识，但现代的教育模式强调的是学生的创新思维和实践能力。因此，教师需要审视和更新自己的教学方式，不仅要精通教材内容，还要能够设计和组织富有挑战性与启发性的教学活动，以激发学生的学习兴趣和动力。教师在教学过程中应依照课程改革的标准，深入分析教材，明确每项教学活动的具体目标和意义。教师不应只局限于课本知识的传授，还应通过教学活动来培养学生的思维能力、创新能力和问题解决能力。例如，教师可以通过实验、案例分析、小组讨论等方式，让学生从多角度、多样化的活动中掌握知识，培养实践能力。

中职教育的特点决定了教师要特别关注学生的自主研究能力。中职学生通常更倾向于实际操作和技能培训，因此教师应该设计课程和教学活动，鼓励学生独立思考和自主探索。可以通过开展课外实践项目、实习实训或者科技创新竞赛，激发学生的创新意识和实践能力，让他们在实际操作中学以致用，提升解决实际问题的能力。与日常生活相联系是职业教育中的重要环节。教师需要通过丰富的案例、实例分析或者将专业知识与日常生活中的实际问题相结合，引导学生理解知识的实际应用。这样不仅能增强学习的趣味性和吸引力，还能帮助学生更好地理解和掌握科学原理，增强他们的学习动机和学习效果。

（二）注重学生的创新思维，培养学生的创新能力

激发学生的求知欲望和好奇心是培养其创新思维的重要环节。在教育实践中，学生的求知欲望和好奇心不仅是学习动力的源泉，而且是促进其思维能力和创新发展的关键因素。求知欲望是学生积极主动参与学习的内在动力。一个拥有强烈求知欲望的学生，不仅会在课堂上积极提问、主动探索问题的答案，而且会在课外广泛阅读、探索新知识。教师可以通过设立有挑战性的学习目标和任务，

激发学生的学习兴趣和动机。例如，教师可以引导学生进行个人研究项目或参与学科竞赛，让他们在解决实际问题中发挥创新思维，探索新的解决方案。

好奇心是培养学生创新意识和创新思维的重要推动力量。好奇心驱使学生探索未知、寻找新奇，这种探索精神是创新的核心。教师可以通过设计富有趣味性和挑战性的学习活动，激发学生的好奇心。例如，教师可以引入趣味性的实验、探索未解之谜的课题或者组织实地考察，激发学生的探索欲望和创新灵感。研究表明，那些具有强烈求知欲望和好奇心的学生往往具备较强的自信心与较鲜明的勤奋态度。他们敢于应对新的挑战，不惧失败，能够持续探索和学习。因此，教师在教学实践中应当关注每个学生的个性差异，充分理解和尊重他们的学习特点和需求，以因材施教的方式进行教学。

针对不同学生的个性特点，教师可以采取灵活多样的教学方法。对于思维能力强但不爱学习的学生，教师可以通过激励和引导，让他们认识到知识的实际应用和意义，从而增强其学习的动力和目标感。例如，将课堂内容与实际生活、职业发展紧密结合，可以让学生意识到知识的实用性和重要性，从而激发其学习的兴趣和参与热情。对于思维能力较弱但乐于学习的学生，教师可以采取开放式和探究式的教学方法，给予学生更多的自主学习时间，鼓励他们通过自主探索发现问题和解决问题的方法，可以培养其独立思考和解决问题的能力。例如，组织小组合作项目或者研究任务，可以让学生在团队合作中学习彼此之间的互动或共享经验，从而促进其思维能力和创新潜力的发展。

（三）强化各学科教学中创新思维知识的训练

创新思维的培养是教育的重要任务之一，而要有效地实现这个目标，就需要在各门课程的教学中全面融入创新思维的传授和训练。跨学科的综合训练可以有效提升学生的创新能力，从而使其在面对未来复杂多变的挑战时具备应对的能力和创新性思维。创新思维的训练应贯穿各门学科的教学过程。不同学科领域各具特色，教师可以根据学科特点和课程内容，设计相应的创新思维训练活动。例如，在科学课堂上，可以通过实验设计和科学探究项目，引导学生提出问题和假设，从而培养其探索精神和实验能力；在文学或艺术课程中，可以鼓励学生通过创作和演绎作品，展现独特的想法和审美观点，从而培养其表达能力和创新创造能力。

教学目标的设定是培养创新思维的关键。在设定课程教学目标时，教师应合理增加创新思维的训练目标，并明确思考如何实现这些目标以及如何评估学生的创新能力。例如，可以设定具体的任务或项目，要求学生在解决问题或完成任务的过程中运用创新思维，并评估其在问题发现、分析和解决方案设计方面的表现。

创新思维的培养需要结合实际案例和现实问题进行训练。教师可以引导学生分析和探讨当前社会或行业中的问题，启发学生从多角度思考和提出创新解决方案。通过案例分析、小组讨论和角色扮演等活动，学生能够在模拟真实情境中运用创新思维，锻炼解决复杂问题的能力和团队合作精神。

评估是创新思维训练的重要环节。教师可以采用多种评估方法，如作业评分、项目成果展示、口头报告等，综合评价学生的创新思维。评估过程不仅要关注学生解决问题的成果，还要关注学生的思考过程、创意发挥和团队协作能力等方面的表现，从而为其提供有针对性的反馈和进一步发展的建议。

（四）采用多样化的课程模式培养创新思维

教师通过开发和实施多样化的课程，不仅可以帮助学生拓宽视野，拓宽知识面，培养和提高综合能力，还可以深化素质教育，为创新人才的培养奠定坚实的基础。多样化的课程模式有助于满足不同学科和不同层次学生的需求。学生的兴趣和潜能各不相同，因此教学应根据学生的个性特点和学科的特性进行差异化设计。例如，可以结合实际案例和工程项目，引导学生进行实践性学习，培养其解决实际问题的能力；在文科类课程中，可以通过讨论、辩论和文献查阅等方式，激发学生的创造力。

多样化的课程模式有助于丰富学生的知识面和经验。传统教育往往注重基础知识的传授，而多样化的课程设计可以引导学生接触和探索更广泛的学科领域与知识领域。通过跨学科的学习和跨界的探索，学生不仅能积累更丰富的知识资源，还能培养综合运用知识解决问题的能力，从而为未来的创新和职业发展奠定坚实的理论与实践基础。多样化的课程模式能有效培养和强化学生的创新思维。创新思维需要学生具备跨学科的视野和思维方式，能够从多个角度审视问题并提出创新解决方案。因此，教师在设计课程时可以融入启发式教学法、项目式学习和实验性学习等方法，激发学生的好奇心和探索精神，让他们在实际操作中体验和应用创新思维，不断提升创新能力。

（五）营造支持创新的家庭氛围

家长应鼓励孩子对周围世界保持好奇心，敢于提问和探索，支持他们尝试新事物。创新离不开试错，家长应容忍孩子在尝试新事物时可能出现的失败，鼓励他们从失败中学习和改进。

家长应营造开放的讨论环境，鼓励孩子分享他们的想法和创意，并给予积极的反馈；提供各种书籍、杂志和其他阅读材料，涵盖科技、艺术、文化等不同领域，激发孩子的想象力和思维能力；支持孩子发展兴趣爱好，参加各种课外活动和兴趣小组，如编程、艺术、科学实验等，拓宽他们的视野；带孩子参观博物馆、科技馆、艺术展览等，增加他们的实际体验，激发其创新灵感。

家长应与孩子保持积极的沟通，了解他们的兴趣和想法，并给予指导和支持。家长可以与孩子一起参与一些创新活动或项目，如共同完成一个 DIY 项目，或者进行科学实验等，培养孩子的创新思维。家长可以与孩子分享自己在工作和生活中的创新经验及见解，启发孩子的思维。

二、培养中职学生创新思维的方法

（一）营造学习氛围，鼓励学生主动尝试

近年来，中职学校的教学理念正在不断改进和更新，特别是在专业课的教学实践中，理实一体化教学模式逐渐成为主流。这种教学模式突出教师的指导作用和学生的主体作用，将传统的一言堂式教学转变为更开放和充满互动的讨论式、畅所欲言式及各抒己见式的教学方式。在这样的教学环境中，教师不再是简单地向学生传授知识，而是通过引导和激发学生的主动参与，帮助他们完成教学任务，同时培养学生的批判性思维和创新能力。

相较数理化等学科来说，中职学生对专业课程的理解和掌握通常更加具体和实际。这种知识链条的建立需要时间和实践的积累。教师的角色至关重要，需要适时地进行“导”的引导。正确的引导不仅能激发学生的学习兴趣，使他们更加主动地投入学习，还能帮助他们通过主动思考和提出问题，为自己及同学全面理解知识提供空间和机会。所提的这些问题不仅可以展示学生的动手能力和实验精神，还可以促使他们运用所学知识进行推理和解决问题。

教师不只是知识的传递者，还是学习过程中的引导者和促进者。通过实验和探索，学生不仅可以获得直观的认知，还可以学会如何利用所学知识来解决实际问题。当学生的问题得到解决后，他们的自信心会得到增强，进而在未来的学习和实践中更加勇于尝试和创新。这种教学方法不仅可以在专业技能的培养上取得显著成效，而且可以在提升学生的创新思维能力和问题解决能力方面取得良好的

效果。

（二）改变教学习惯，培养学生多向思维

在中职学校的教学实践中，学生的思维模式往往受到长期教学习惯的影响而逐渐固化。例如，当学生在课堂上提出偏离主题的问题时，可能会遭到同学的嘲笑，这种情况会抑制学生的表达和思考，甚至使其不敢积极参与讨论。这种思维模式的固化可能会限制学生的个性发展和创新能力。因此，教师在教学过程中应引导学生敢于多角度思考，这成为培养学生创新思维的关键一环。

发散思维是培养学生创新思维的重要方式之一。它不依赖常规方式，而是通过多种方法来解决问题，能够激发学生的想象力和创造力。以电子商务的交易模式为例，传统的教学方式可能会局限于教授五种交易模式对象分析，而在新的教学理念下，教师可以鼓励学生在课后自主探索，提出电子商务交易模式的出现的原因，设想未来还可能会出现什么交易模式等问题。这种引导能激发学生思考，使他们从不同的角度来思考问题，并寻找创新的解决方案。通过学生的实际尝试和探索，他们不仅可以增强对课程内容的理解，还可以培养解决实际问题的能力。

求异思维也是培养创新思维的有效途径。在教学中，教师可以设计一些有挑战性的问题，如探讨广告设计、广告投放地域对成交转化率的影响，从而引导学生进行深入思考和讨论。这种方法不仅能防止学生简单地接受表面知识，还能促使他们深入理解和运用所学的知识，从而培养其创新思维和批判性思维。教师在备课过程中的设计起着重要的作用。通过设计能引发学生求异思维的课堂活动，如提出反常的问题或挑战传统观点，教师能够激发学生的学习兴趣，增强他们的自信心和探索精神。这种教学方式不仅能提升学生的学术能力，还能培养他们解决实际问题和面对挑战的能力，为他们未来的职业发展奠定坚实的基础。

（三）分解教材内容，引导学生积极想象

教师在备课过程中，需要深刻理解教材内容，并设计出符合学生实际需求的教学方案。教师在设计教学方案时，必须充分考虑学生的特点和需求，特别是如何“导”才能使学生有想象的空间。只有当学生积极思考并参与到教学过程中时，才能实现教与学的有机融合。有效的引导方法是激发学生思考和参与的关键。在中职计算机课程中，培养学生的创新思维可以通过多种方法来实现。例如，教师在讲解过程中，可以提出复杂问题，鼓励学生自主研究和解决；教师也

可以设计一个教学游戏，如从编程基础、游戏引擎使用开始，逐步介绍游戏设计的基本原则和方法，鼓励他们添加创新元素，如奖励机制、排行榜等。通过这些方法，中职计算机课程可以有效培养学生的创新思维，使他们能够在实际应用中不断探索和发挥创意。

第六节　核心素养与创新思维融合的必要性与评价标准

一、核心素养与创新思维融合的必要性

（一）应对未来挑战

鉴于现代社会和职场对个人综合素质与创新能力的要求不断提高，中职教育必须顺应这一趋势，致力培养学生的核心素养和创新思维。这不仅是为了提升学生的就业竞争力，而且是为了应对未来社会各种复杂的挑战。在这个过程中，中职教育必须充分融合核心素养的培养和创新思维的发展，为学生的全面发展奠定坚实基础。

核心素养的培养是中职教育的重要目标。核心素养不仅包括基本的学科知识和技能，还包括批判性思维、沟通合作、问题解决等综合能力。这些素养是现代社会和职场对人才的基本要求。通过系统教育和训练，中职学生可以在掌握专业技能的同时，培养良好的思维习惯和综合能力。例如，教师应注重培养学生的批判性思维，鼓励他们从多个角度分析和解决问题，提升他们的判断力和决策能力。与此同时，创新思维的培养也是中职教育的核心任务之一。

创新思维不仅要求学生具备创造性和独立思考的能力，还要求他们能够将理论知识应用到实际问题的解决中。教师在设计教学方案时，应注重引导学生进行创造性思考，提供丰富的实践机会，让学生在动手实践中培养创新能力。例如，通过项目式学习，学生可以在完成具体任务的过程中锻炼创新思维和实践能力。

核心素养与创新思维的融合，是中职教育实现培养高素质创新人才的目标的重要途径。在教学过程中，教师应注重将核心素养的培养与创新思维的训练有机结合起来。例如，在专业课程教学中，教师可以设计一系列与实际应用相关的项目任务，鼓励学生在完成任务的过程中灵活运用所学知识。

中职教育还应注重营造支持创新的学习环境。学校可以提供开放的实验室、创客空间和创新工作坊等资源，鼓励学生进行自主研究和创新实践。通过营造鼓

励探索和实验的氛围，学生可以在实践中不断尝试和改进，提高创新能力和实践能力。同时，学校还应注重培养学生的沟通能力和团队合作能力，鼓励他们在合作中交流想法、碰撞灵感，从而激发创新思维。

（二）提升就业竞争力

在当今快速变化的社会和职场环境中，具备核心素养和创新思维的学生更容易在激烈的竞争中脱颖而出，获得更多的发展机会。中职教育通过培养学生的核心素养和创新思维，不仅可以提升学生的就业竞争力，还可以为他们的职业发展和个人成长奠定坚实的基础。核心素养是现代职场对人才的基本要求。这些能力使学生能够在复杂多变的职场环境中快速适应，并有效应对各种挑战。例如，批判性思维可以帮助学生在面对问题时进行深度分析，从而找到更有效的解决方案；沟通合作能力可以使学生在团队中进行有效交流和协作，提高工作效率和团队凝聚力。同时，创新思维是职场中备受重视的素质之一。具备创新思维的学生能够打破常规，提出新颖的解决方案，为企业带来新的发展机遇。

二、核心素养与创新思维融合的评价标准

（一）知识应用与迁移

知识应用与迁移是学生在学习过程中必须掌握的重要能力。评估学生是否能够将学科知识灵活应用于不同情境中，并进行跨学科的知识迁移，是教育中的关键环节。这不仅涉及学生对知识的掌握程度，而且涉及他们对知识的深度理解、创新性应用以及核心素养的全面发展。

在评估学生的知识应用能力时，应关注他们能否将学科知识转化为实际操作。学生应在不同的实际情境中展示对所学理论的理解，能够将抽象的概念和原理应用到具体的任务或问题解决中。例如，数学中的几何原理可应用于建筑设计，化学知识可应用于环境保护中的实际实验等。这种应用要求学生不仅了解基本原理，还能够分析情境，选择合适的知识工具进行问题解决。

跨学科的知识迁移能力评估更加强调学生的创新思维和综合素养。学生应能够在面对复杂问题或新情境时，将来自不同学科的知识进行整合。例如，将物理知识与生物知识相结合，探索新材料的生物相容性；或者将历史知识与地理知识相结合，分析某个地区在某个时期的文化与气候的相互影响。这种迁移不仅可以展示学生对多门学科知识的理解，而且可以展现他们在面对未知问题时的创新能

力和综合分析能力。

为了进一步深化对学生知识应用与迁移能力的评估，需要将核心素养与创新思维纳入评价体系中。核心素养是指学生应具备的基本能力和品格，包括自主学习能力、社会责任感、批判性思维、问题解决能力等。在评估过程中，可以设计开放性任务或项目，要求学生在完成任务的过程中展示这些核心素养。例如，学生可以通过团队合作解决一个复杂的问题，从而展示他们的沟通协作能力、领导力及社会责任感。同时，创新思维的评估也应融入知识应用与迁移的过程中。创新思维包括发散性思维、创造力以及面对挑战时的灵活应变能力。在评估学生时，可以通过设置具有挑战性的问题，要求学生提出创新性的解决方案。这类问题通常没有标准答案，需要学生从不同角度进行思考，并提出具有创造性和可行性的方案。例如，要制订减少校园碳足迹的综合计划，学生需要结合环境科学、社会学和经济学知识，提出创新的实施策略。

（二）学习自驱力与持续学习能力

评估学生的学习主动性和终身学习意识，旨在了解他们是否具备在不断变化的社会和技术环境中持续学习与适应的能力。与此同时，创新思维的培养也应贯穿这个过程，以确保学生能够在校内外不断进步并实现个人和社会价值。学习自驱力的评估应关注学生学习的主动性，如他们在课堂内外是否积极参与学习活动，是否有探索新知识的意愿，以及在遇到困难时是否表现出坚持不懈的态度。评估可以通过观察学生的课堂参与度、自主学习计划的制订与执行，以及课外学习活动的参与情况等来进行。例如，学生是否主动参与到小组讨论中，是否在课外利用图书馆资源或在线课程拓展自己的知识面，以及是否主动向教师或同学请教难题等。

评估学生的持续学习能力需要观察他们是否具备终身学习的意识和能力，其中包括他们在离开学校后是否有继续学习新知识、掌握新技能的计划和行动。可以通过让学生制订个人学习发展计划、参加课外的兴趣小组或技能培训等方式，了解他们是否对未来的学习和发展有明确的目标。例如，学生是否能够识别自己在某个领域的不足，并主动寻求提升的机会，如参加线上课程、获取相关资格证书，或者通过实践项目来提高自己的能力。

在评估学习自驱力和持续学习能力时，核心素养与创新思维的融合不可或缺。核心素养强调学生应具备的基本能力和品格，包括自我管理、批判性思维、沟通协作及社会责任感等。这些素养会直接影响学生的学习自驱力和持续学习能力。在评估过程中，教师可以通过设计项目任务，观察学生在自主学习中的表现。例如，一个学生是否能够自主规划学习时间，合理分配任务，是否具备对学习内容进行批判性思考的能力，并在团队合作中展现出领导力和责任感。

与此同时，创新思维的培养也应融入学习自驱力的评估中。创新思维不仅包括提出新想法，还包括面对复杂问题时的创造性解决方案，以及对未知领域的好奇心与探索精神。在评估学生的持续学习能力时，应关注他们能否在学习过程中展现出独立思考的能力，能否对传统的学习方法提出改进意见，以及在学习过程中能否勇于尝试新方法、新工具。例如，学生能否利用新兴的数字工具来提升学习效率，能否提出并实施不同的学习策略，从而增强自己的学习效果。

第四章　中职学生创新能力培养中的核心素养支持

第一节　核心素养对创新能力培养的重要性分析

一、创新生态的培育

学生通过培养核心素养所强调的批判性思维、问题解决能力、沟通技巧等基础能力，能够更好地应对日益复杂和快速变化的社会环境。这些能力既是应对挑战和解决问题的重要工具，也是创新发展的基础。核心素养有助于促进创新资源的共享和利用。在创新生态系统中，学校可以通过教育资源和实践项目，激发学生的创新潜力，并与社会各界分享和交流创新成果。例如，学校可以通过开展科技竞赛、创业比赛或跨学科项目，鼓励学生运用所学的知识和技能来解决现实问题，从而形成创新生态系统的一部分。

创新文化不仅包括技术和产品创新，还包括对新思想、新理念和新方法的开放与接纳。学生通过学习和实践核心素养，可以逐渐形成自信、勇于尝试和接受失败的态度，这些都是创新文化的重要组成部分。培养核心素养可以帮助学校和社会更有效地推广和应用创新成果。学生在学习过程中积累的创新项目和成果，可以通过展示、竞赛或实际应用，得到更广泛的认可和应用。这不仅可以激励学生继续创新和探索，还可以为学校树立良好的创新品牌和形象。

二、创新能力的培育

（一）促进自主学习和持续改进

培养核心素养不仅可以帮助学生不断学习和更新知识，还可以使他们适应新的技术和趋势，保持创新的动力，并持续改进他们的创意和解决方案。自主学习能力使学生能够主动探索和掌握新知识。自主学习不仅包括学生对在课堂上所学知识的复习，而且包括学生在课外时间进行自我驱动的学习活动。例如，学生可以通过阅读专业书籍、参与在线课程、参加与行业相关的研讨会等方式，获取最新的行业信息和技术趋势。具备自主学习能力的学生能够独立设定学习目标，制订学习计划，找到适合自己的学习资源，并根据自身的学习进度进行调整。这种能力使他们在面对新的技术和挑战时，能够迅速适应，并且可以将新知识应用到实践中，推动个人创新的持续发展。

终身学习能力是应对快速变化的技术和趋势的关键。现代社会和职场环境变化迅速，新技术和新趋势不断涌现。具备终身学习能力的学生能够不断更新自己的知识储备和技能，保持与时俱进。例如，随着人工智能和大数据技术的兴起，学生需要不断学习这些新技术的实际应用，以便在职业发展中保持竞争力。终身学习能力使学生能够在职业发展的不同阶段，持续提升自己的能力，适应不同的工作需求和挑战，从而在创新过程中保持动力和活力。

核心素养的培养对创新能力的提升非常重要。核心素养包括批判性思维、问题解决能力、沟通能力和团队合作能力等，这些素养在创新过程中发挥着重要作用。批判性思维可以帮助学生在面对问题时进行深入分析，提出具有创造性的解决方案；问题解决能力使学生能够在实践中发现问题并提出有效的解决方案；沟通能力和团队合作能力可以帮助学生在与他人合作时，整合不同的观点和资源，共同推动创新项目的实施。通过培养这些核心素养，学生能够在创新过程中更有效地运用所学知识和技能，推动创意的实现和改进。

持续改进是创新的核心，学生在具备自主学习和终身学习能力的基础上，能够不断改进和完善他们的创意和解决方案。自主学习使学生能够不断获取新的知识和技能，从而对已有的创意进行改进；而终身学习则可以帮助学生不断适应新的技术和趋势，使他们能够在不断变化的环境中保持创新的动力。通过持续学习和改进，学生能不断提升自己的创新能力，推动个人和团队的持续进步。

（二）提升团队合作与领导能力

核心素养中的团队合作能力和领导能力，不仅可以帮助学生在团队中发挥作用，还可以协调各种资源和成员，有效推动创新项目的实施。这些能力对于学生创新的能力培养非常重要，有助于拓展创新的深度和广度。

团队合作能力对创新的推动作用不可忽视。创新往往涉及多个学科领域的知识，需要团队成员之间的密切合作和信息共享。具备良好团队合作能力的学生能够有效地沟通、协作，并在团队中发挥各自的特长。例如，在一个涉及多门学科的创新项目中，学生可以根据自身的专业背景和技能，分工合作，共同完成项目任务。通过集思广益，团队成员能够提出多样化的创意和解决方案，从而推动创新的进程。良好的团队合作不仅能提高项目的质量，还能加快问题的解决速度，使创新过程更加高效和有序。

领导能力在创新项目中发挥着十分重要的作用。有效的领导能帮助团队明确目标、分配资源、协调工作，从而推动创新项目的顺利进行。具备领导能力的学生可以在团队中担任领导角色，负责制订项目计划、组织团队活动、解决团队内部的冲突等。例如，在创新项目中，学生领导者可以通过设定清晰的目标和任务，激发团队成员的积极性，并确保项目的进度和质量。领导者的有效沟通和决策能力能帮助团队成员克服困难，调整策略，最终实现项目目标。

核心素养中的团队合作和领导能力能显著提升学生的创新能力。首先，这些能力可以帮助学生在团队中发挥作用，使他们能更好地适应团队环境，处理团队内的各种问题。其次，团队合作和领导能力可以促进团队成员之间的协作与资源整合，从而拓展创新的视角和方法。通过在团队中进行合作和领导，学生能学会如何调动资源、协调工作、解决冲突，并在实际操作中锻炼自己的创新能力。良好的团队合作和领导能力不仅能促进团队项目的高效完成，还对学生未来的职业发展具有重要意义。在职场中，团队合作和领导能力是实现组织目标、推动业务发展的关键。具备这些能力的学生能更好地适应职场环境，担任各种角色，并在工作中发挥重要作用。

第二节　创新能力培养的核心素养指导原则

一、学生主体性原则

学生主体性原则是创新能力培养的重要指导原则，强调学生在整个学习过程中的核心地位，鼓励他们主动参与、探索和实践。在创新教育中，遵循学生主体性原则不仅可以促进学生个性化创意的发挥，还可以确保他们在解决实际问题中的主导性。围绕这项原则，创新能力培养应以学生为中心，尊重学生的兴趣和需求，提供丰富的学习资源和支持，从而激发学生的创新潜力和自主学习能力。

学生主体性原则要求教师在课程设计和教学实践中真正将学生置于中心位置。这意味着教师应根据学生的兴趣、需求和能力水平来设计课程内容，从而确保每个学生都能够在学习中找到自己感兴趣的领域。例如，在中职教育中，教师可以通过调研了解学生的职业兴趣，并结合行业发展趋势，设计出能够激发学生创新思维的课程内容。这种以学生为中心的教学设计能有效激发学生的学习热情，使他们在学习过程中更加积极主动，从而促进创新能力的培养。

学生主体性原则强调为学生提供丰富的学习资源和支持，以满足他们在创新过程中不断变化的需求。在信息技术飞速发展的时代，学生能接触各种形式的学习资源，包括在线课程、电子书籍、行业报告、专业论坛等。教师应积极引导学生利用这些资源，帮助他们获取最新的知识和技能。同时，教师还应为学生提供必要的技术支持和学习指导，帮助他们克服在学习中遇到的困难。例如，教师可以组织创新项目工作坊或建立学习小组，让学生在实践中互相学习、分享经验，从而提高他们的创新能力。

学生主体性原则强调创新教育应尊重和鼓励学生的个性化创意。在传统的教育模式下，学生往往处于被动接受知识的状态，很少有机会发挥自己的创造力。创新教育鼓励学生在学习过程中提出自己的见解和想法，并通过实践将这些创意付诸实施。例如，在项目式学习中，教师可以让学生根据自己的兴趣选择项目主题，并通过自主研究和实践，提出独具创意的解决方案。这种尊重和鼓励学生个性化创意的教育方式，不仅有助于培养学生的创新思维，还能够提高他们解决实际问题的能力。

学生主体性原则可以确保学生在创新过程中的主导性，这对于培养他们的创新能力极其重要。学生不仅是知识的接受者，而且是创新的实践者。教师应在教育过程中发挥指导作用，但不应取代学生的主导地位。相反，教师应鼓励学生自主探究，主动解决问题，并在这个过程中积累经验、提高能力。例如，在创新设计课程中，教师可以让学生自己选择设计方向，制订项目计划，并在实际操作中不断调整和改进。这种以学生为主导的学习过程，能够帮助他们更好地掌握创新技能，增强自信心，培养独立思考和解决问题的能力。

二、跨学科融合原则

（一）为学生提供更加综合和开放的学习环境

推动学科间的融合可以为学生提供更加综合和开放的学习环境，从而促进其创新思维和综合素养的培养。跨学科融合不仅能强化学生的学科知识和技能，还能培养其解决复杂问题的能力、跨界合作的能力以及创新应用知识的能力，从而使其更好地适应未来社会的需求，应对未来社会的挑战。

跨学科融合能够打破传统学科之间的界限，促进知识和思维的交叉结合。在传统的学科划分中，学生常常只是被训练成狭窄领域的专家，而跨学科融合则通过整合不同学科的知识和方法，帮助学生更全面地理解和解决问题。例如，将工程技术与艺术设计相结合，可以培养出既懂得技术又有艺术审美的人才，而这些人才能够在产品创新和设计中展现出独特的创造力。

跨学科融合能够培养学生的系统思维能力和综合应用能力。现实生活中的问题往往是复杂的，需要运用跨学科的知识和技能来解决。通过跨学科学习，学生可以学会将多学科的知识和技能有机结合，形成系统思维能力和综合应用能力。例如，在环境保护与工程设计的跨学科项目中，学生可以通过理解环境科学、工程技术和社会学等多方面的知识，提出更加全面和可行的解决方案。

（二）促进学生团队合作和跨界协作

在现实工作中，团队合作和跨界协作已成为解决复杂问题和推动创新的重要方式。通过跨学科融合的教育模式，学生在学习过程中不仅可以学习到学科知识，还可以锻炼团队协作、沟通协调和问题解决能力。例如，在跨学科项目中，学生可以组成跨专业团队，利用各自的专业优势共同解决问题，提升沟通能力和团队协作能力。

跨学科融合可以为学生提供更加开放和多样化的学习体验，激发其学习兴趣和创新潜能。传统的学科划分给学习带来了局限性和单一性，而跨学科融合则能通过多样的学习内容和方法，激发学生的好奇心和探索欲望，培养其自主学习和持续学习的能力。

三、终身学习原则

在当今社会，科技日新月异，社会环境也在不断变化，学生要在职业发展中保持竞争力，就必须具备终身学习的意识和能力。遵循这项原则可以确保学生在离开学校后，仍能保持创新思维和实践能力，持续追求个人的提升和职业发展。

终身学习原则强调学生在学习过程中应培养自主学习能力。自主学习能力使学生能够在不同的环境中持续获取知识和技能，而不再依赖课堂或教师的指导。在校期间，学生通过课程学习、项目实践和课外活动，可以逐步掌握如何独立查找资料、分析问题和解决问题的能力。这种能力在学生毕业后尤为重要，因为他们将面临不断变化的工作环境和新的挑战。具备自主学习能力的学生能够主动跟踪行业动态，学习新技术、新方法，确保自己在职业发展中始终处于领先地位。

终身学习原则要求学生具备不断更新知识的意识和能力。在现代社会，知识和技术更新的速度非常快，许多在学校学习的知识在几年后可能就会过时。因此，学生必须养成终身学习的习惯，不断更新和拓展自己的知识储备。例如，随着人工智能、大数据和区块链等新兴技术的发展，学生需要通过自主学习或继续教育，不断掌握这些新技术的应用，以便在职业发展中保持竞争力。终身学习不仅包括专业知识的更新，还包括跨学科的学习，以便更全面地分析和解决复杂的实际问题。

终身学习原则还强调创新思维的持续发展。创新思维不是一次性的能力，而是需要在长期的学习和实践中不断培养与提升的。学生在学校期间通过参与创新项目、实践活动和团队合作，可以初步形成创新思维的基础。然而，这只是一个开始。终身学习原则鼓励学生在离开学校后，继续通过参与职业培训、行业交流和实践活动，不断提高自己的创新能力。例如，通过参加行业论坛、研讨会或专业培训，学生可以接触最新的行业趋势和创新案例，激发新的创意和灵感。

终身学习原则还涉及职业发展的持续追求。学生在职业发展中，不仅要追求知识和技能的提升，还要不断挑战自我，寻找新的发展机会。具备终身学习能力的学生能够在职业发展的不同阶段，灵活应对新的挑战和变化，持续提升自己的职业素养和创新能力。例如，学生可以通过转行、创业或追求更高的职业目标，不断拓展自己的职业发展路径，保持职业发展的活力和动力。

四、持续改进原则

持续改进原则是创新能力培养的重要指导思想，强调在教学过程中要不断进行反馈和调整，以确保教育方法的有效性和适应性。在快速变化的社会和技术环境中，学生的需求和能力发展也在不断变化。因此，教师必须保持灵活性，通过评估学生的表现和反思教学实践，及时调整教学策略和内容，确保学生的创新能力能得到持续提升。

持续改进原则要求教师在教学过程中重视反馈机制的建立和运用。反馈是教育过程中不可或缺的一部分，通过对学生的表现进行及时评估，教师可以了解学生在创新能力培养中的进展和不足之处。这种反馈可以是来自教师的评价，也可以是学生自我反思或同伴评估的结果。无论哪种形式，反馈都应以促进学生发展为目标，帮助他们认识到自己的优点和不足之处，并提供改进的方向。例如，教师可以定期组织学生进行小组讨论或个别谈话，了解学生在创新项目中的体验和感受，并根据这些反馈及时调整教学策略，以更好地支持学生创新能力的发展。

持续改进原则强调教学策略和内容的动态调整。随着学生能力的发展和外部环境的变化，原有的教学策略和内容可能不再适用或有效。为了确保教学的前沿性和实效性，教师应根据学生的反馈和表现，不断调整教学策略和内容。例如，在初期阶段，教师可能侧重基础知识和技能的传授，但随着学生能力的提升，教学内容可以逐渐向复杂问题解决和实际项目应用倾斜。此外，随着技术的发展和行业的变化，教师还应及时引入新的工具和方法，如使用最新的数字化资源、进行案例分析或跨学科的项目实践，从而确保学生的学习内容始终与现实世界的需求保持一致。

持续改进原则涉及教师自身的专业发展。为了有效遵循这项原则，教师必须不断更新自己的知识和技能，适应新兴的教育理念和技术工具。教师应积极参加专业培训、教学研讨会和同行交流会，通过了解最新的教育研究成果和教学实践经验，不断改进自己的教学方法。例如，教师可以学习如何使用学习管理系统（Learning Management System，LMS）进行在线课程管理，如何运用数据分析工具进行学生表现的量化评估，或者如何通过游戏化学习设计来激发学生的创新潜力。这种持续的专业发展不仅能提高教师的教学质量，还能为学生的创新能力培养提供有力的支持。

持续改进原则强调在教育过程中应保持开放和灵活的心态。教师应认识到，创新能力的培养并不是一成不变的，而是需要根据学生的需求和环境的变化进行不断调整与优化。教师在进行教学活动时，应时刻保持对学生反馈的敏感性，积极解决在教学过程中出现的问题，并愿意尝试新的方法和策略。这种开放和灵活的态度，有助于创造更加包容的学习环境，从而使学生能够在不断变化的条件下持续提升自己的创新能力。

第三节　中职学生创新能力培养路径的探索与实践

一、中职学生创新意识的培养路径

（一）挖掘学生潜力，启发学生质疑

针对职业学校中问题意识相对薄弱的学生，教师需要采取不同的策略来引导他们走向创新之路。这些学生通常可以分为两类：一类是没有问题意识的学生，另一类是有一定问题意识但害怕面对挑战和失败的学生。

针对没有问题意识的学生，教师的主要任务是疏导他们对创新的拒绝心理，帮助他们转变思维模式，克服思维惰性。教师可以定期开设创新讲座，组织创新作品展示和评比活动，通过实际案例让学生了解到创新并不神秘，而是源于问题的发现和解决。例如，牛顿发现万有引力就是因为观察到苹果落地的现象；磁铁效应的应用不应仅限于吸铁石，还可以用于磁悬浮列车等创新领域；而爱因斯坦的相对论则是对传统物理学的大胆质疑和完善。

针对有一定问题意识但害怕面对挑战和失败的学生，教师需要培养他们勇于质疑、敢于创新的精神，让他们能够主动表达和探索问题。教师可以创设适合质疑的情境，引导学生从多角度、多层次、多方位进行观察和思考。通过问题的推理验证、知识的应用质疑以及内容矛盾的发现，启发学生对问题进行深入分析和探索，从而拓展他们的思维广度和深度。

（二）创设身边情境，破除思维惯性

将学生身边的创新事例融入教育情境中，是激发学生创新兴趣、培养创新能力的有效途径。例如，在课堂上，教师可以设计一个项目，邀请学生以社交电子商务平台为例，分析其成功的创新策略。例如，某电子商务平台通过“拼团”模式吸引用户分享链接，以获取更多优惠和折扣。学生可以分组研究社交电子商务平台的运营模式，探讨它们是如何通过创新方式吸引用户并提高销售额的。每组学生可以选择一个平台，分析其创新点，如拼团购物、限时抢购、社区互动等。教师可以让学生设想一种新的社交电商功能或模式，使其能够在现有基础上进一步提升用户体验或增加销售额。学生可以模拟社交电子商务平台的运营，设计一个小型活动，尝试将他们的创新想法应用到实际操作中。他们可以通过制作营销方案、设计用户互动方式等，实际体验社交电商的创新过程。学生在完成项目后，可以通过课堂讨论分享他们的创新思路和实践经验，反思什么样的策略更能吸引用户，哪些创新点可能面临挑战或需要改进。

学生通过分析真实的创新实例，能够看到创新的实际应用价值，从而激发其创新兴趣，培养其创新能力。这种基于现实案例的学习方式，能使学生在未来面对类似的实际问题时，具备更强的创新思维和问题解决能力。

创设这样的教育情境有助于学生自主思考、自主探索和主动交流。学生通过结合自己的生活经验、专业知识和技能，开始质疑和挑战那些看似合理的现状。这不仅是技术问题的解决过程，而且是关于思维定式被打破、问题意识逐步增强的过程。随着学生参与创新活动的意愿增强，他们的创新意识开始萌动，如不再

局限于已有的解决方案，而是敢于提出问题、挑战现状，并积极寻求新的解决方案。这种转变不仅对学生的成长有积极的影响，还可以为整个教育过程注入更多的活力和创造力。

二、中职学生创新思维的培养路径

（一）开展头脑风暴，培养发散思维

发散思维之所以具有强大的创造性，是因为它能够让人在遇到问题时，迅速且灵活地从多个角度和层次发散开来，进而从给定的信息中获得多个新颖的答案。头脑风暴，又称为集体思考法或智力激励法，是一种能够充分激发发散思维的方法。头脑风暴通过鼓励参与者敞开心扉，进行集体讨论，促使他们相互启发、相互激励，弥补彼此的知识缺陷，从而引起创造性设想的连锁反应，产生尽可能多的设想。这些设想在相互碰撞中激起脑海中的创造性风暴，所以头脑风暴是一种最佳的思维培训方法，非常适用于创新思维的培养。

在创新教育活动中，学生常常围绕一个特定的兴趣点、问题或想法，组建五六个人的临时合作团队，开展头脑风暴活动。在初期开展头脑风暴的过程中，常常会出现一些问题，如没有人发表意见或者讨论没有主题。出现这些现象的原因主要包括以下几点：一是学生存在封闭心理，自我意识强，没有合作意识；二是学生没有吃透问题，没有把握问题的实质；三是学生的一些思维定式没有被打破。

为了解决这些问题，在小组活动刚开始时通常由教师先主持头脑风暴。在团队中营造宽松、活跃的讨论交流氛围，可以保证学生心理上的安全和自由。当气氛融洽的时候，教师可以逐步引导学生开动脑筋进入角色，运用联想、想象、猜想、推想等方法尽量拓宽思路，大胆表达自己对问题的见解和主张。学生会逐渐从问题的各个角度、各个层次、各个方面，进行或顺向或逆向或纵向或横向的灵活且敏捷的思考，从而获得众多的方案或假设。在头脑风暴活动中，教师必须将学生视为活动的主人，更重要的是要让学生学会相互尊重和相互肯定。这样，他们才会大胆思考，主动表达自己的想法。他们也会在这种相互尊重和相互肯定的氛围中，不断否定自我、修正自我、提升自我，从而突破自身存在的思维惰性、思维局限和思维定式等障碍。

（二）营造交流氛围，鼓励灵感思维

爱因斯坦曾说过，人类的重大科技突破大多来自灵感而非逻辑推理。这句

话道出了灵感思维在创造性思维中独特的突破性作用。灵感这种复杂的精神现象，看似来无影、去无踪，但实际上是有迹可循的。科学已经证明，灵感是一种客观存在的创造性思路，而学习和实践是获得灵感的前提与基础。灵感在酝酿过程中，受到相关事物启发时可能会突然出现；当思想高度集中、情绪高涨时，灵感更易于表现出来。由此可见，灵感是可以培养的。学生在汲取知识、参与技能训练和观察事物的过程中，会在大脑中存储大量的知识和经验，当显意识和潜意识发生碰撞时，才有可能在存储知识和技能的基础上形成灵感，产生顿悟。教师应鼓励学生在各门学科中寻找灵感，通过跨学科学习来提升知识储备和理解能力。

教师应鼓励学生勤奋思考，对要解决的中心问题进行反复、长时间的思考。灵感往往会在人们对某个问题经过一段苦思冥想之后，思维接近临界点时，在某种因素的作用下被诱发出来，使问题迎刃而解。教师应引导学生坚持不懈地钻研问题，帮助他们养成独立思考和深度思考的习惯，这样他们更容易在思维的瓶颈处突破，进而获得灵感。

教师应指导学生进行类比联想。大多数有创造经历的人都认为，已有的经验若与眼前要探究的问题具有相似要素，或者在看似无关的原型与亟待解决的问题间存在某个维度的相似性或潜在联结点，将有助于诱发灵感。教师可以通过引导学生运用类比联想的方法，帮助他们在不同领域间找到共通点，从而激发新的创意和解决方案。除了开展头脑风暴等培养学生发散思维、灵感思维的活动，教师还可以组织学生系统地学习和运用创新思维方法。这些方法包括反向思维、联想思维、直觉思维、想象思维和类比思维等，以综合提高学生的思维能力。

具体来说，反向思维是一种从相反方向思考问题的方法，可以帮助学生打破常规，找到新的解决途径；联想思维鼓励学生通过事物之间的关联，发掘新的想法和概念；直觉思维重视学生的直觉感受，帮助他们在不完全依赖逻辑分析的情况下做出创新判断；想象思维有助于培养学生的创造性想象力，鼓励他们大胆设想未来可能的发展方向；类比思维通过比较不同事物之间的相似点，帮助学生找到新的突破口。通过这些系统的训练，学生在思维能力上可以得到全面提升，能够更加灵活地应对各种挑战。只有不断学习和实践，学生才能真正掌握创新思维的方法，培养敏锐的灵感思维，从而在未来的职业发展中实现更多的创新突破。

三、案例分析：基于本地农产品的社交电子商务平台开发

（一）背景介绍

××学校位于农产品资源丰富的地区。虽然当地有许多特色农产品，但由于缺乏有效的市场推广渠道，销售一直不理想。该学校电子商务专业的教师决定针对这个实际问题，设计一个以本地农产品为基础的社交电子商务平台开发项目，以此来培养学生的创新能力。

（二）项目目标

通过开发社交电子商务平台，学生可以深入了解电子商务的创新模式，掌握如何将创新思维应用到实际商业问题的解决中，同时提升自身的团队合作和项目管理能力。

（三）项目实施

1．市场调研与需求分析

在创新能力培养的过程中，市场调研与需求分析是学生团队开展项目的关键一步。通过市场调研，学生能全面了解本地农产品的种类、特点、目标市场以及消费者的需求。这不仅有助于他们在项目初期建立对市场的清晰认识，还可以为后续的产品设计和推广策略制定提供有力支持。

学生团队通过实地考察和问卷调查的方式，收集关于本地农产品市场的第一手数据。在实地考察中，学生不仅访问了当地的农贸市场、超市以及一些农户，还仔细观察了农产品的种类和品质，同时了解了农产品在不同销售渠道中的表现。这个过程不仅可以让学生深入了解本地农产品的特点，如种类的多样性、季节性变化以及与其他地区产品的差异，还可以使他们能直观感受到农产品的销售环境和消费者的购买行为。此外，通过与农户和商家的对话，学生获取了农产品供应链的信息，并且了解了从生产到销售的各个环节可能存在的挑战和机会。

与此同时，学生团队设计并实施了问卷调查，以更广泛地收集消费者的需求和偏好。这些问卷调查通过线上和线下的方式进行，覆盖不同年龄段、不同职业背景的消费者。学生在设计问卷时，重点关注消费者对农产品的新鲜度、价格、购买便捷性的要求，以及对农产品种类多样性的需求。例如，问卷中包含消费者对不同渠道购买农产品的偏好，如实体店购买、线上平台采购、社区团购等。此

外，学生还调查了消费者对本地农产品的认知度和信任度，了解了影响消费者购买农产品的关键因素。

通过对这些数据进行分析，学生发现本地农产品市场存在几个明显的痛点和机会。首先，调查结果显示，本地消费者对新鲜农产品的需求非常高，尤其是在日常膳食中对新鲜果蔬的依赖性较强。其次，当前市场缺乏便捷的购买渠道，许多消费者表示，他们在购买新鲜农产品时面临时间和地点上的不便，尤其是对于那些在工作日上班或在偏远地区居住的消费者而言。最后，农户面临着推广和销售的难题，尤其是小规模的农户，他们缺乏有效的平台来展示和销售自己的产品，导致农产品销售不畅，甚至可能出现滞销的情况。基于这些市场调研结果，学生团队认识到，当前市场中存在一个重要的机会，即建立一个便捷的农产品购买渠道，既能满足消费者对新鲜农产品的需求，又能帮助农户解决销售难题。例如，学生团队可以考虑开发一个基于本地农产品的线上平台或社区团购系统，结合配送服务，为消费者提供更加便捷的购买途径，同时为农户提供一个直接面向消费者的销售平台。此外，学生团队还可以探索利用社交媒体和其他数字化手段，提升本地农产品的品牌认知度和市场影响力。

2. 平台设计与开发

市场调研结果表明，本地消费者对新鲜农产品的需求很高，但目前缺乏便捷的购买渠道。为了解决这个问题，学生团队决定开发一个社交电子商务平台，结合微信小程序或其他社交媒体工具，通过社交分享和拼团购的方式来促进农产品销售。这个决定不仅是基于对市场需求的准确把握，还体现了学生在创新实践中对新兴技术的灵活应用。

在项目实施过程中，学生团队首先进行了明确的分工，以充分发挥每个成员的专长。团队中的设计人员负责平台的 UI/UX 设计，他们深入研究了用户体验和界面设计的最佳实践，以确保平台的界面设计既美观又直观。这一部分的工作非常关键，因为平台的界面设计直接影响用户的使用感受和留存率。设计团队还通过用户测试收集反馈，不断优化设计方案，以确保最终的产品能够满足目标用户的需求。

与此同时，技术开发团队负责平台的核心开发工作。技术团队的成员大多具备扎实的编程基础和丰富的开发经验，他们选择了适合项目需求的技术框架和工具，如前端开发使用的是 Vue. js 或 React，后端开发采用的是 Node. js 或 Python 等。开发团队在工作中面临诸多技术挑战，如如何确保平台的稳定性、如何实现高效的数据处理和流畅的用户交互等。他们通过敏捷开发的方法，分阶段完成了平台的不同功能模块，如用户注册登录、商品展示、购物车、订单管理等，并在每个阶段进行功能测试和调试，以保证平台的性能。

在技术开发和设计工作的同时，市场推广团队也在积极制定和实施市场推广策略。基于从市场调研中了解到的消费者行为习惯，市场团队决定通过社交分享和拼团购等方式来吸引用户。社交分享可以借助社交媒体广泛的传播效应，让用户成为产品的主动推广者；拼团购可以通过优惠的价格激发消费者的购买欲望，形成“病毒式”传播。市场推广团队设计了详细的推广计划，包括在微信朋友圈发布推广内容，利用小程序广告精准投放，以及与本地的社群合作进行线上线下的联合推广等。同时，市场推广团队还策划了一系列的促销活动，如新用户注册优惠、节日特惠拼团等，以吸引用户参与并提高平台的活跃度。

在整个项目开发过程中，团队成员之间保持了密切的沟通与合作。由于每个成员在不同的领域发挥了自己的专长，因此项目的成功离不开团队成员之间以及各团队之间的相互配合。UI/UX 设计团队与技术开发团队紧密协作，以确保设计的可实现性和用户体验的一致性；技术开发团队又与市场推广团队密切合作，以确保平台的功能能够支持市场推广策略的顺利实施。定期的团队会议和项目进度跟踪可以帮助团队及时发现和解决问题，确保项目按计划推进。

3. 创新思维与功能设计

在该社交电子商务平台的功能设计中，学生引入许多创新元素，旨在提升用户体验，增强平台的竞争力和用户黏性。其中，“农户故事”模块和“社区拼单”功能是两个重要的创新设计，这不仅体现了学生对市场需求的深入理解，还展现了他们在实际应用中的创造力和实践能力。

“农户故事”模块是学生在调研过程中发现的一个情感营销机会。本地农户往往有丰富的生活经历和独特的农业知识，但这些很少有机会被消费者了解。学生发现，通过讲述农户的故事，能赋予农产品更多的情感价值，让消费者意识到购买农产品不仅可以满足日常需求，还可以支持这些默默耕耘的农户。通过这个模块，消费者可以了解到农户的成长经历、在种植过程中的挑战与坚持，以及他们对土地的热爱和对优质农产品的追求。这种情感连接不仅有助于建立消费者对农产品的信任，还可以提升农产品的品牌附加值。消费者在了解这些故事后，可能会对农产品产生更深的认同感和支持意愿，从而提高购买决策的转换率。

学生还为平台设计了“社区拼单”功能，这是结合社交电商特点所做出的创新。通过这项功能，消费者可以邀请朋友或社区成员一起购买农产品，从而获得更大的折扣或优惠。这种拼单模式不仅能激发用户的购买欲望，还能有效增加平台的社交属性。社区拼单的设计让用户在购买过程中可以体验到集体参与的乐趣，同时可以通过口碑传播扩大平台的用户群体。这种模式利用了社交网络的力量，降低了获客成本，提高了用户黏性。尤其是在社区或朋友圈等熟人网络中，用户更容易受到他人的影响参与拼单活动。这种社交驱动的购买行为，不仅可以提高平台的活跃度，还可以促进用户之间的交流与互动，为平台的发展注入更多的活力。

在这些功能设计的背后，是学生对消费者行为的深刻洞察和对社交电商模式的熟练运用。他们认识到，现代消费者不仅关注产品的价格和质量，还希望通过购买行为实现情感共鸣和社交互动。因此，社交电子商务平台在功能设计上需要超越传统的电商模式，提供更加多元和个性化的用户体验。“农户故事”模块通过情感连接提升了产品的附加值，而“社区拼单”功能则通过社交互动增强了平台的用户黏性。这些创新设计不仅使平台更具吸引力，而且为学生团队积累了宝贵的实践经验。

在实际应用中，这些创新功能得到了用户的广泛好评。“农户故事”模块可以让消费者感受到购买的不仅是产品，而且是对农户辛勤劳动的认可与支持；“社区拼单”功能让用户在享受优惠的同时，能够与家人、朋友共享购买的乐趣。这些创新设计极大地提升了平台的用户体验，也为平台的持续发展奠定了坚实的基础。通过这些功能的成功实践，学生不仅可以增强自己的创新能力，还会对如何在激烈的市场竞争中寻找和创造差异化优势有更深刻的理解。

4. 测试与迭代改进

在平台开发完成后，学生并没有止步于此，而是继续进行小范围的用户测试，确保平台能够真正满足用户需求并在市场中获得成功。用户测试是在产品开发过程中非常重要的一步，通过这种方式，学生团队能从真实用户的角度出发，发现潜在的问题，并进行有针对性的改进。在测试过程中，学生首先邀请一部分目标用户进行体验。他们设计了详细的用户体验反馈表，涵盖平台的各个方面，包括用户界面、功能设计、操作流程、支付体验等。用户体验反馈表不仅有助于发现明显的技术问题，还可以帮助学生团队了解用户在使用平台时的心理和行为模式。例如，一些用户反映平台的界面设计不够直观，某些按钮的位置不够明显，导致操作体验不够流畅。针对这些反馈，设计团队重新评估了 UI/UX 设计，调整了按钮的位置、字号和颜色对比度等细节，以提升整体的使用体验。此外，技术团队还优化了支付流程，减少了不必要的步骤和等待时间，从而有效降低了用户在支付环节的流失率。这些改进措施在随后进行的用户测试中得到了验证，用户对平台的满意度显著提升。

在平台的技术优化过程中，学生也积极关注数据分析和用户行为追踪。他们使用数据分析工具，对用户在平台上的操作路径进行了深入分析，找出了用户流失的关键节点。通过数据可视化，团队可以清晰地看到用户在哪些环节停留时间过长或退出平台。这些数据为他们提供了具体的改进方向，有助于他们进行精准优化，如简化注册流程、提高商品搜索的响应速度等，以进一步提升用户体验。除了界面和技术的改进，学生还进行了营销体验，探索不同的推广策略，以期找到最有效的市场推广方式。学生团队通过不同的社交媒体渠道，如微信、微博、抖音等，对平台进行推广。他们设计了多种营销内容，包括图文并茂的农产品介绍视频、农户故事的短片、拼单优惠活动的海报等。通过这些内容，他们试图吸引不同类型的用户群体，并通过监测各个渠道的转化率来评估效果。学生发现，短视频内容在抖音上的传播效果最好，能够快速吸引大量关注并引发用户参与拼单活动；而微信朋友圈的推广则更能有效促进熟人之间的口碑传播，带动平台销售的自然增长。由此，学生逐渐摸索出了最佳的推广组合，并根据实验结果不断优化他们的推广策略。

在这个不断迭代和优化的过程中，学生不仅可以学会如何从用户反馈中提取有价值的信息，还可以掌握产品开发与市场推广之间的紧密联系。他们还会明白一个成功的社交电子商务平台不仅需要过硬的技术和设计，还需要在推广策略上不断创新和优化，以适应市场的变化和用户的需求。通过这一系列的用户测试和营销体验，学生团队不仅提升了平台的整体竞争力，还为他们未来的职业发展积累了宝贵的实践经验。最终，他们的努力得到了用户的认可，平台的用户数量稳步增长。

（四）项目成果与展示

学生成功开发并上线了他们的社交电子商务平台，这标志着他们在电子商务领域中的重大突破。上线初期，平台通过一系列精心策划的校内外推广活动，迅速吸引了一批稳定的用户群体。这些推广活动包括校园宣传、社区活动、合作伙伴推介等。通过多渠道宣传，平台逐渐形成了自己的品牌知名度和用户基础。

在平台正式上线后，学生紧密跟踪了用户反馈，并通过不断调整和优化，确保平台能提供最佳的使用体验。他们特别关注了用户在使用过程中的问题和需求，迅速回应并解决了各种问题，进一步提高了用户满意度。通过这些努力，该平台不仅帮助本地农户提高了销售量，还促进了农产品的品牌建设。这些本地农户表示，通过这个平台，他们能更好地接触城市消费者，提升农产品的市场竞争力，同时拓宽销售渠道。这个平台既为农户带来了实实在在的经济效益，也推动了本地农产品的市场化进程。

该社交电子商务平台的成功引起了广泛的社会关注，并成为××学校电子商务专业的典型创新案例。为了展示项目成果和分享经验，学校组织了一次大型的项目展示活动，并且邀请了当地政府官员、企业代表和其他高校的专家参与。展示活动的准备工作非常充分，学生不仅准备了详尽的展示材料，还设计了互动环节，让参会嘉宾能够亲身体验平台的功能和效果。在展示活动中，学生详细介绍了项目的背景、市场调研过程、功能设计、技术开发及推广策略。他们还展示了平台的主要功能，如“农户故事”模块和“社区拼单”功能，并分享了用户反馈和实际运营数据。通过生动的案例和具体的数据，学生向与会嘉宾展示了平台的创新点和实际效果。参会的政府官员对于该平台对本地经济发展的积极影响表示赞赏，认为这是促进农村经济发展和农产品流通的有效途径。企业代表对平台的商业模式和创新设计给予了高度评价，认为这样的项目不仅具有实用性，还有很大的发展潜力。

在活动结束后，专家对学生的项目给予了宝贵的建议。他们建议学生进一步优化平台的功能，探索更多的商业模式和市场机会，同时鼓励他们将项目推广到更广阔的市场中。专家还提出了一些技术上和战略上的建议，帮助学生在未来的发展中规避潜在的风险，提高项目的可持续性和盈利能力。

通过项目展示活动，学生不仅可以获得对自己工作的认可，还可以收获来自各界的支持和鼓励。他们的创新思路和实践经验得到了充分的肯定，为其今后的学习和职业发展奠定了坚实的基础。同时，这个项目也为××学校赢得了良好的声誉，展示了××学校在电子商务教育方面的卓越成果和创新能力。

（五）教育效果

通过在这一个案例中，×××学校电子商务专业的学生取得了显著的成就。他们不仅在实践中学会了如何从实际问题出发，通过创新思维找到解决方案，还显著提升了多项关键技能，包括市场调研、技术开发、团队协作等。这个项目不仅是学术学习的延伸，而且是学生将理论知识应用于实际场景的典范，全面提升了他们的综合能力和职业素养。学生在解决实际问题的过程中，可以学会如何将创新思维应用于项目的各个环节。

市场调研能力的提升是这个项目的重要成果之一。学生通过实地考察和问卷调查等方法，深入了解了市场需求和消费者偏好。他们分析数据、识别趋势，最终制定了切实可行的市场推广策略。这个过程不仅可以帮助学生熟悉市场调研的实际操作流程，还可以提升他们的数据分析能力和市场敏锐度。这些技能将帮助他们在未来的职业发展中，更好地理解市场需求、做出明智的商业决策。

技术开发能力的提升同样值得关注。在项目中，学生不仅参与了平台的技术开发，还处理了实际遇到的技术问题。他们通过编程、系统设计和功能优化等实际操作，掌握了技术开发的关键技能。这种实践经验让他们不仅了解了技术实现的复杂性，还学会了如何在实际操作中应用学到的知识。

在项目的不同阶段，学生需要明确分工，紧密协作，有效沟通。他们在项目中担任了不同的角色，如 UI/UX 设计师、技术开发人员和市场推广专员等。通过这种分工合作，他们不仅可以学会如何在团队中发挥自己的专长，还可以掌握如何协调资源、解决团队内部的冲突，以及如何共同推动项目进展。这样的经验对学生未来的职业发展非常重要，因为在现实工作中往往需要团队协作才能完成复杂的任务。

第四节　核心素养与创新能力培养的整合和效果评价

一、核心素养与中职学生创新能力培养的整合

（一）课程设计与教学方法的整合

通过将电子商务与计算机科学、市场营销、商业管理等学科相结合，学生不仅能系统地学习各门学科的基础知识，还能在实际操作中体会到跨学科知识的融合和应用。例如，在电子商务课程中，学生不仅需要学习电子商务平台的运营和管理，还需要掌握计算机科学中的编程和数据分析技能、市场营销中的推广策略，以及商业管理中的财务管理与人力资源管理技能。这样的跨学科课程设计有助于学生建立全面的知识体系，提升解决复杂问题的能力。

专题研讨课程的开设是引导学生运用核心素养和创新能力的重要方式。通过开设专题研讨课程（如创新创业、设计思维、项目管理等），学生可以在实际问题中运用所学知识，同时培养创新思维和实践能力。例如，在创新创业课程中，学生可以通过团队合作，设计和运营一个虚拟的创业项目，从中体验创业的全过程，包括市场调研、产品设计、运营管理和市场推广等。这样的课程不仅可以锻

炼学生的实际操作能力，还可以培养他们的团队合作精神和项目管理能力。在这些课程设计中，注重核心素养的培养非常重要。核心素养包括批判性思维、问题解决能力、沟通能力、团队合作能力等。在跨学科课程和专题研讨课程中，教师可以通过各种教学方法，如项目式学习、案例分析、模拟演练等，帮助学生在实际问题中应用和发展这些核心素养。例如，通过项目式学习，学生可以在完成一个综合项目的过程中锻炼批判性思维和问题解决能力；通过案例分析，学生可以学习如何进行有效沟通和团队合作。

（二）师资力量与教学资源的整合

1. 引进创新型教师

聘请专家和定期开展教师培训，可以有效提升教师队伍的整体素质，使其更好地指导学生在日常学习中发展创新能力和综合素养。聘请有丰富创新经验的专家学者和行业精英担任教师，是提升教学质量的重要途径。这些专家学者和行业精英不仅拥有深厚的专业知识和丰富的实践经验，还能将最新的行业动态和技术趋势带入课堂。例如，在电商领域有丰富运营经验的企业高管，可以通过实际案例和实践指导，帮助学生了解电子商务的最新发展和实际操作技巧。这样的教学不仅能提升学生的专业知识，还能激发他们的创新思维和实践能力。此外，专家学者的加入有助于将核心素养更加自然地融入教学内容中，使学生在学习专业知识的同时全面提升综合素质。

定期开展教师培训是提升教师创新教学能力和实践指导能力的关键措施。通过参与专题培训、工作坊和行业交流活动，教师可以不断更新知识储备，掌握最新的教学方法和技术应用。例如，培训可以涵盖项目式学习、案例教学法、翻转课堂等教学方法，帮助教师在课堂上更加灵活地引导学生进行自主学习和探究式学习。这不仅能提高教师的教学水平，还能更好地将核心素养与创新能力的培养整合到日常教学中。在培训过程中，教师还可以通过模拟实践和教学反思来提升自己的实践指导能力。通过参与真实的项目和案例分析，教师可以更深入地了解学生在学习过程中可能遇到的问题，并提出有针对性的指导建议。这种实践导向的培训模式，有助于教师在课堂上更加有效地引导学生解决实际问题，培养他们的创新能力和实践技能。

2. 引入优质教学资源

通过多媒体教学和建设图书馆、资料库，学校能够丰富教学内容和形式，激发学生的学习兴趣，并将核心素养与创新能力的培养紧密结合。多媒体教学是丰富教学内容和形式的重要手段。借助多媒体技术和在线课程，教师可以将复杂的理论知识通过图文并茂的形式呈现给学生，增强学习的直观性和趣味性。例如，教师可以使用视频、动画和模拟软件展示电子商务平台的运营过程，使学生更加生动地理解电子商务的各个环节。同时，在线课程平台还可以提供丰富的学习资源和互动功能，学生可以根据自己的学习进度和兴趣进行自主学习与探讨。通过多媒体教学，学生不仅能掌握扎实的专业知识，还能在互动和实践中培养批判性思维、问题解决能力和团队合作精神等核心素养。

建设与电子商务相关的图书馆和资料库是支持学生综合素质发展的重要举措。通过引进最新的行业报告、市场分析结果和创新案例，学校可以为学生提供丰富的学习和研究资源。例如，学生在进行市场调研和项目设计时，可以查阅最新的行业报告和市场数据，了解当前的市场趋势和消费者需求，从而做出更加科学和合理的决策。创新案例的引入可以激发学生的创新思维，帮助他们在实际操作中借鉴和应用成功经验。这不仅可以提升学生的知识储备和研究能力，还可以培养其创新能力和实践技能。在这些资源的使用过程中，学校还可以组织专题讲座、研讨会和读书会，邀请行业专家和学者分享他们的经验与见解，促进学生与外界的交流和互动。通过参加这些活动，学生不仅能扩展知识面，还能培养沟通能力和团队合作精神。同时，教师可以引导学生进行自主学习和研究，培养他们的学习能力和独立思考能力。

二、核心素养与中职学生创新能力培养的效果评价

（一）中职学生创新能力评价指标

好奇心与求知欲：对未知充满渴求，有积极学习和行动的意愿。

开放心态：对新生事物持开放态度，有不断拓宽视野的内驱力。

敢于冒险：行动力强，敢于打破规则，敢于尝试不确定性。

勇于挑战：有韧性，不怕失败，敢于行动。

独立自信：对事情有自己的理解，个性自主独立，进取心强，对自己的创新能力有信心。

发散思维：能基于情境和任务，沿多个维度进行发散思考，寻求解决问题的多种途径或方法。

辐合思维：能从目标或任务出发，结合情境信息，将能够解决问题或完成任务的思维从多种思路进行梳理分析，以寻求最优的问题解决方案。

重组思维：能依据目标或任务，对已有的功能进行重组整合，使新的事物具有更优的功能或效果。

目标澄清或问题表征：在熟悉的情境中，能从多个角度对目标进行澄清和分解，或者对问题进行识别和表征。

搜集信息或资源：在较熟悉的情境中，围绕目标或问题，能搜集不同来源的信息或资源。

远距离联想或迁移：在陌生的情境中，能创造性地使用新思路、新方法，或者对现有的多种方案进行重组整合，以期解决问题或产生创意。

（二）核心素养与创新能力培养效果的评价方法

1. 作品展示与创新竞赛

通过学生展示作品和参与创新竞赛来评估其创新能力，是一种综合考量学生核心素养与技能发展的有效方式。这不仅能直接反映学生在具体项目中的创造性思维和技术应用水平，还能为其创新能力的全面发展提供实践平台。在展示作品的过程中，学生需要将所学的知识与技能应用到实际问题中，形成具有独特创意和实际应用价值的项目。

作品展示不仅可以考查学生的动手能力和技术掌握情况，还要求他们能够进行有效的沟通与表达，将自己的设计思路、制作过程及作品的创新点清晰地传达给观众和评委。这种展示环节有助于学生反思自己的学习成果，进一步深化对专业知识的理解，并通过他人的反馈不断提升自己的创新能力。参加创新竞赛可以进一步推动学生在竞争环境中的创新实践。竞赛中的挑战和压力能激发学生的创新潜能，促使他们在短时间内进行深度思考和问题解决。同时，竞赛还强调团队合作的重要性。学生在团队中分工协作，共同探讨创新方案，既能锻炼合作意识，也能提升自身的综合素养。

通过作品展示和创新竞赛，学生不仅能展示自己的创新能力，还能将核心素养中的问题解决能力、批判性思维、团队合作能力等内化为自身的技能。这种以展示与竞赛为导向的评估方式，不仅有助于增强学生的自信心和成就感，还可以为教师提供评估教学效果的有效工具，帮助他们更好地了解学生的实际需求，从而优化教学内容与方式。

2. 综合素质档案与多维评估

建立学生的综合素质档案，并结合多维评估，能够为中职教育中的核心素养与创新能力培养提供全面且系统的反馈机制。综合素质档案不仅可以记录学生在校期间的各项表现，还可以为教师提供动态的、全方位的学生发展视角。这种档案记录方法，可以更好地反映学生在不同学习阶段的成长与进步，帮助教师和学生更有针对性地进行教育与自我提升。综合素质档案包括学生在学术、实践、创新等多个方面的表现，记录了学生的学习成果、实践经验、创新项目、比赛成绩、社会活动参与情况等内容，全面覆盖学生的学习与发展历程。通过这些详细记录，教师能更准确地了解学生的学习特点、兴趣方向和能力优势，从而有针对性地提供辅导与支持。

多维评估不应只局限于学术成绩的评价，还应包括对学生创新能力、团队合作能力、问题解决能力等方面的考量。这种评估可以通过课堂表现、项目作业、创新竞赛、实习实践等多种形式来进行，从而确保评估的全面性和客观性。例如，对于学生在某个阶段参与的创新项目，除了评估其最终成果，还应关注项目中的思维过程、团队协作、技术应用等多个维度，以全面评估学生的核心素养和创新能力的综合表现。

凭借综合素质档案与多维评估，教师能够动态追踪学生的成长轨迹，全面了解其核心素养和创新能力的培养效果。这种评估方式不仅有助于发现学生的优势和不足之处，还能帮助学生认识到自身的发展空间和努力方向。在核心素养的培养方面，综合素质档案记录了学生在批判性思维、沟通能力、社会责任感等方面的表现，多维评估可以通过具体的任务和活动验证这些核心素养的实际运用效果。例如，学生参与的社会实践活动记录不仅可以反映其在实际情境中运用核心素养的情况，还可以帮助教师更好地评估学生核心素养的发展水平。

在创新能力的培养方面，综合素质档案记录了学生参与各类创新活动的全过程，从最初的创意构思到最终的项目落地，每个环节都有详尽的记录。多维评估通过评审这些活动的各个维度，考查学生的创造性思维、技术应用能力、团队协作能力等。这种评估方式不仅关注最终结果，而且强调在创新过程中的学习与成长，确保创新能力的培养真正内化为学生的长期技能。

综合素质档案与多维评估相结合的评价体系，为中职学生的成长提供了持续、动态的跟踪和反馈机制。这种机制不仅可以帮助学生在在校期间得到全面的发展，还可以为他们未来的职业发展奠定坚实的基础。通过持续改进和优化该评价体系，中职教育可以更加有效地培养出具备核心素养和创新能力的高素质人才，满足社会和产业对创新型、实践型人才的需求。

第五章　项目实践与核心素养在中职学生创新教育中的应用

在中职教育中，培养学生的创新能力已成为教育改革的重要目标。项目实践作为一种有效的教学方法，不仅可以增强学生的实践技能，还可以促进他们创新能力和核心素养的提升。随着社会和技术的迅速发展，电子商务等领域对人才的要求不断提高，创新能力和核心素养成为衡量职业能力的重要标准。如何通过项目实践来提升中职学生的核心素养，并激发他们的创新能力，是当前职业教育的重要课题。

项目实践作为一种教学模式，通过真实的工作任务和问题解决，帮助学生将理论知识转化为实践能力。通过实际参与项目，学生不仅能掌握专业技能，还能在项目的设计和实施过程中培养创新思维。这种教学方法具有较高的应用价值，尤其在电子商务等发展十分快速的领域，项目实践能够帮助学生快速适应行业需求，提升他们在实际工作中的竞争力。

在项目实践中，核心素养的培养尤为重要。通过项目实践，学生能够在解决实际问题的过程中，应用和深化他们的专业知识，提升操作技能，并培养积极的职业态度和创新精神。例如，在电子商务项目中，学生通过设计和运营电子商务平台，能够实际运用网络营销策略、数据分析工具及客户服务技巧，提升他们的综合能力。

第一节　项目实践在中职学生创新教育中的地位与作用

一、项目实践在中职学生创新教育中的地位

（一）提升中职学生的职业素养

通过参与项目实践，中职学生不仅能模拟或直接接触实际的职业环境和工作场景，还能全面发展和提升职业素养，如工作态度、团队合作能力和责任心等。

项目实践为中职学生提供了一个贴近实际、生动活泼的学习平台。传统的课堂教学往往难以完全模拟真实的工作情境和挑战，而项目实践则通过实际操作和任务执行，能够使学生在真实的职业环境中学习和应用所学的知识与技能。例如，学生可能会参与到与企业合作的项目中，实际操作和解决问题，这种亲身体验不仅可以增强他们的学习动机，还可以使他们更加深入地理解职业要求和实际工作中的挑战。

项目实践有助于培养中职学生的职业素养。职业素养包括但不限于工作态度、团队合作能力、责任心、沟通技能等，这些都是他们在未来职业发展中必备的素质。通过参与项目实践，学生能学会如何与他人合作、如何有效沟通和协调工作，以及如何承担责任并全力以赴地完成任务。这些实际经验不仅可以使他们在技能层面得到提升，而且可以为他们成为职场中有价值、有竞争力的人才奠定坚实的基础。

（二）促进中职学生创新能力和问题解决能力的培养

在项目实践中，学生通常会面临各种复杂的问题和挑战，需要运用批判性思维和创新思维寻找解决方案。例如，学生需要分析市场需求、设计产品原型、制定营销策略等，这些过程不仅可以锻炼他们的创造力，还可以增强他们解决问题的能力和自信心。

项目实践还有助于中职学生的职业规划和个人发展。通过实际参与不同领域的项目，学生可以更清晰地了解自己的兴趣和潜力，进而为未来的职业选择做出更明智的决策。这种自我探索和实践经验，有助于他们树立自信、设定职业目标，并为未来的职业发展奠定坚实的基础。

在中职学生创新教育中，项目实践不仅可以提供实践机会，而且可以整合和应用各个学科的知识。学生需要跨学科地运用所学知识解决实际问题，这不仅可以促进学科知识的整合，还可以提升学生的综合素养。例如，对于一个涉及科技开发和市场营销的项目，学生不仅要在技术上有所建树，还要了解市场需求和消费者心理，从而综合运用各方面的知识和技能。

二、项目实践在中职学生创新教育中的作用

（一）增强学生的实践能力和应用能力

中职学生深入实践，能够锻炼实际操作能力和应用能力，这些能力是创新实

现的基础，能够培养学生的创新意识、创造力及问题解决能力。项目实践通过实际操作来锻炼学生的实践能力和应用能力。在传统的课堂教学中，学生主要通过听讲、阅读和练习来获取知识，而项目实践则提供了一个更加直接和实际的学习平台。例如，学生可能会参与到一个实际的技术开发项目中，需要在从设计、制造到测试、优化的整个过程中进行实际操作。学生通过深入了解技术的应用，掌握实际操作的技能，并在实践中不断改进和优化，从而提升自己的实际操作能力。

项目实践可以激发学生的创新意识和创造力。创新不仅包括新技术或新产品的发明，而且包括在解决现实问题中提出新的方法和思路。学生通常需要面对各种复杂的问题和挑战，这些问题和挑战可能无法简单地通过书本知识解决。因此，学生被迫去思考和探索。例如，在一个环境保护项目中，学生需要设计一种新的清洁技术或者提出一种新的资源利用方案，这就需要他们具备跨学科的知识和创新思维。

（二）培养学生解决问题的能力

在实际操作中，学生往往会面临各种未知的挑战和障碍，因此他们需要通过分析、思考等来找到解决问题的途径。这种解决问题的能力是创新的前提，因为创新往往涉及解决新问题或改进现有解决方案。通过项目实践，学生不仅能学习如何应对挑战，还能培养独立思考和团队合作能力，这些都是创新必需的关键技能。

项目实践有助于学生在实践中学习并应用跨学科知识。创新往往需要融合和应用多门学科的知识，这是因为现实问题往往是复杂和跨领域的。学生需要结合科学、信息技术、工程技术、艺术和数学等多个领域的知识来解决问题。例如，设计智能农业系统既需要工程技术的支持，也需要农业科学和数据分析的知识。通过这种跨学科的应用，学生不仅能深入理解各门学科的关联性，还能在实践中运用多门学科的知识来解决实际问题，从而培养综合素养和跨学科的创新能力。

项目实践有助于培养学生的沟通能力和团队合作能力。在现实项目中，往往需要若干人合作完成任务。这种团队合作不仅是分工合作，更重要的是如何有效地协调与沟通，以及如何有效地处理团队内部的冲突和分歧。学生学会如何与他人协作、互相支持，以及如何在团队中发挥自己的优势，可以更好地达成共同的目标。这种沟通能力和团队合作能力不仅在学术项目中发挥着重要作用，还是学生未来职业发展中必备的重要技能。

第二节　核心素养对中职学生项目实践的引导与支持

一、核心素养对中职学生项目实践的引导

（一）设定项目目标与需求

为了有效地培养这些素养，教师需要在引导学生进行项目实践时设定明确的项目目标和需求，确保项目内容能够涵盖多个核心素养领域。通过参加这种综合性和多维度的项目实践，学生不仅能掌握具体的技术操作，还能提升自己的综合能力，并为未来的职业发展和个人发展做好充分的准备。

设定明确的项目目标和需求是项目实践成功的基础。教师需要根据不同的核心素养领域设定具体的学习目标，从而使学生在项目实践中能够有明确的方向和任务。例如，在信息技术类项目中，教师可以设定以下目标：学生需要掌握特定的编程语言和工具，能够进行基本的软件开发和调试；学生能够有效地与团队成员进行沟通，合作完成项目；在项目的最终展示环节，学生需要展示其创新能力和解决实际问题的能力。通过设定这些明确的目标，学生能够在项目实践中有针对性地提升自己的综合能力。

项目内容的设计应涵盖多个核心素养领域，以确保学生的全面发展。例如，在信息技术类项目中，教师不仅要关注学生的技术操作能力，还要注重培养他们的语言能力、数学素养和科学素养。具体来说，教师可以设计一个智能家居系统开发项目，要求学生在项目开发过程中进行如下活动：编写技术文档和用户手册，提升语言表达和写作能力；进行算法设计和数据分析，提升数学素养；了解智能设备的工作原理和传感器技术，提升科学素养。通过参与这种融合多门学科的项目，学生能够在一个项目中同时提升多种核心素养，实现全面发展。

在项目实践过程中，教师应当注重培养学生的创新能力和实际问题解决能力。这些能力是核心素养的重要组成部分，对学生未来的职业发展具有重要意义。例如，在智能家居系统开发项目中，教师可以设置一些具体的问题情境，如如何增强系统的安全性和稳定性，如何优化用户体验，以及如何实现能源的高效利用等。学生需要通过自主学习、团队合作和创新思维来解决这些实际问题，从而提升自己的创新能力和问题解决能力。

项目实践的过程管理和评估也是培养学生核心素养的重要环节。教师需要在

项目的各个阶段进行有效的指导和反馈，帮助学生及时发现和解决问题，提升项目的质量和学生的学习效率。例如，在项目的初始阶段，教师可以通过研讨会和工作坊等形式，帮助学生明确项目目标和任务分工；在项目的中期阶段，教师可以进行定期检查和评估，指导学生优化项目方案和进行技术实现；在项目的最终展示阶段，教师可以组织项目展示会和评审会，通过专家评审和同行评议，对学生的项目成果进行全面评估和反馈。这种过程管理和评估不仅能增强项目的实施效果，还能促进学生持续改进和提升。

项目实践的结果展示和经验总结也是不可或缺的环节。通过项目展示和总结，学生能够回顾和反思整个项目的实施过程，提炼出宝贵的经验和教训，为未来的学习和工作提供指导。同时，教师还可以鼓励学生撰写项目总结报告，记录项目实施的各个环节和个人体会，提升其反思能力和总结能力。

（二）强化社会责任感

在项目实践过程中，核心素养中社会责任感的培养显得尤为重要。通过项目实践，中职学生不仅可以提升个人的创新能力和综合素质，还可以深刻认识到自己工作的社会意义，增强对社会的责任感和服务意识。这种社会责任感不仅可以引导学生在实践中保持积极的态度，还可以促使他们在项目实施过程中更加注重社会价值的实现。下面以第四章第三节的案例进行说明。

在项目启动阶段，学生通过市场调研发现本地农户面临销售困难和消费者对新鲜农产品的高需求。这一发现使他们认识到，自己的工作不只是一个商业项目，还是一个社会服务项目。他们的努力既能帮助农户增加收入，又能让消费者获得优质的本地农产品，从而促进当地经济的发展和农业的可持续发展。

在项目实施过程中，学生会感受到自己工作的社会影响力，这种意识可以极大地激发他们的工作热情。在设计平台功能时，学生特别注重如何通过平台实现社会价值。例如，他们设计了“农户故事”模块，通过讲述农户的故事来增加产品的情感价值，帮助消费者理解和认可农产品的来源。这种设计不仅可以提升消费者的购买意愿，还可以帮助农户树立良好的品牌形象，增强农产品的市场竞争力。此外，“社区拼单”功能的引入，既可以增强平台的用户黏性，也可以让消费者通过集体购买来获得实惠，这种方式可以有效地满足社区的共同需求，进一步体现平台的社会价值。

在项目的推广阶段，学生也充分考虑到了社会影响。他们组织了校园内外的宣传活动，通过与本地社区、企业和媒体的合作来扩大项目的影响范围。在这些推广活动中，学生不仅传播了平台的功能和优势，还宣传了对本地农户和消费者的积极影响。这种宣传不仅有助于平台的推广，还可以提升公众对项目的认同度和支持度。

项目实践中社会责任感的培养还有助于学生在未来的职业发展中保持高度的社会意识。在项目结束后，学生在总结和反思中可以深刻体会到社会责任感的重要性。他们认识到，作为未来的职业人士，自己不仅要关注个人的职业发展，还要考虑到工作对社会和环境的影响。这种意识促使他们在今后的工作中更加注重社会责任，积极参与社会公益活动，推动社会的发展和进步。

（三）提升自我管理能力

自我管理能力可以帮助学生有效地管理时间和任务。在项目启动阶段，学生往往面临多项任务的并行处理，如市场调研、设计开发、测试迭代等。核心素养中的时间管理技能可以引导学生学会如何合理分配时间，制订详细的工作计划，确保每项任务都有明确的时间节点。这不仅有助于学生保持工作进度的连贯性，还能避免因时间分配不当而出现项目延误。此外，自我管理能力还可以帮助学生在面对突发事件或项目变更时迅速调整计划，确保项目依然按照既定目标前进。

任务管理能力使学生能够高效分配和利用资源。在项目实践中，学生通常需要在资源有限的条件下完成复杂的任务，如在预算有限的情况下进行市场推广，或者在时间紧迫的情况下完成技术开发。核心素养中的任务管理能力可以引导学生学会如何合理分配资源，以及如何最大限度地使用资源。例如，在市场推广阶段，学生可能会面临预算不足的挑战，这时他们可以优先选择高效的推广渠道，或者利用免费社交媒体进行宣传，从而实现资源的最佳配置和使用。

自我调节能力在项目实践中起稳定情绪和提升工作效率的作用。在长时间的项目执行过程中，学生难免会遇到压力和挫折，这时自我调节能力显得尤为重要。核心素养中的自我调节能力的引导可以帮助学生学会如何缓解压力，保持积极的心态，从而在高压环境下依然能够保持高效的工作状态。例如，在项目接近尾声时，学生可能会因为时间紧迫和任务繁重而感到压力倍增，这时通过自我调节，他们可以学会如何分解任务、逐步完成，避免因焦虑而导致效率下降。

核心素养中的自我管理能力不仅在项目实践中可以帮助学生完成任务，还可以为他们未来的职业发展奠定重要的基础。通过时间管理、任务管理和自我调节的实践，学生可以逐渐形成系统的工作方法和职业素养。这些能力不仅有助于学生在学业中取得优异的成绩，而且能使其在未来的职场中脱颖而出，成为具备自我管理和独立工作能力的职业人才。

二、核心素养对中职学生项目实践的支持

（一）强化反思能力

在中职学生的项目实践中，反思能力是十分重要的一部分。它不仅可以帮助学生在完成任务后进行自我评估，还可以促使他们不断总结经验，改进工作方式和技能。核心素养的培养为学生提供了全面的支持，使他们能够在反思过程中更深入地理解自己的实践，提升创新能力，并为未来的项目积累宝贵的经验。

核心素养中的反思能力使学生能够在项目实践后进行自我评估。这个过程不仅是对项目结果的总结，而且是对整个实践过程的回顾和分析。学生通过反思能识别出项目中的成功之处和不足之处。例如，在一个电子商务平台开发项目中，学生可以通过反思发现用户界面设计是否符合用户需求，市场推广策略是否有效，以及团队合作是否顺畅等。这样的自我评估可以帮助学生明确哪些方面做得好，哪些方面需要改进，从而为其未来的项目成功奠定基础。

反思能力可以促进学生不断改进工作方式和技能。在项目实践中，学生可能会遇到各种挑战，如技术难题、时间压力或团队协调问题。核心素养的反思能力培养使学生在面对这些挑战时，能够冷静地回顾自己在项目中的表现，分析问题的根源，并思考如何在未来避免类似问题的产生。例如，在技术开发过程中，如果某项功能的实现遇到了困难，那么学生可以通过反思发现自己在学习或应用相关知识时是否存在不足，从而有针对性地加强相关技能的训练。

反思能力可以帮助学生积累和分享经验，形成团队的集体智慧。在项目实践中，学生不仅要进行个人反思，还要通过团队反思的方式共同总结项目的得失。这种团队层面的反思有助于学生在项目结束后分享各自的经验和教训，从而提升团队的整体能力。例如，在一个市场推广项目中，团队成员可以共同讨论哪些推广策略最有效，哪些渠道的用户反馈最好，从而在下一次推广活动中优化策略，增强效果。这样的集体反思不仅可以增强团队合作的凝聚力，还可以形成团队的集体智慧，为今后的项目实践提供有力支持。

核心素养中的反思能力培养可以使学生具备持续改进的意识和能力。在不断变化的职业环境中，学生需要保持敏锐的反思能力，及时调整和改进自己的工作方式。核心素养的支持可以帮助学生养成主动反思的习惯，使他们能够在每一次项目实践后进行深刻的自我审视，发现自己的不足并制订改进计划。这种持续改

进的意识和能力不仅可以帮助学生在项目实践中不断提升，还可以为他们的职业发展提供持久的动力。

（二）培养职业素养

项目实践作为一种有效的教育方式，不仅可以为学生提供理论知识的应用平台，还可以为他们接触实际工作、了解行业标准和规范提供宝贵的机会。在核心素养的引导下，这些项目实践能够有效地帮助学生在进入职场之前，逐步形成职业道德和责任感，从而为他们未来的职业发展奠定坚实的基础。

项目实践使学生能够接触真实的工作环境和任务，帮助他们理解行业的具体要求和标准。在项目实践中，学生通常需要完成与实际工作类似的任务，如设计一款产品、开发一个应用程序或策划一项市场推广活动。这些任务不仅要求学生掌握相关的专业知识和技能，还需要他们遵循相关行业的标准和规范。例如，在一个电子商务项目中，学生需要了解并遵守网络交易的法律规定、数据保护的要求，以及客户服务的基本准则。这种实践经历使学生能够在实际操作中体会到职业要求的重要性，从而为进入职场做好准备。

核心素养中的职业道德和责任感培养，在项目实践中可以得到进一步的强化。在参与项目的过程中，学生不仅需要完成自己的工作任务，还需要与团队成员合作，从而确保项目的整体成功。这样的合作要求学生具备较高的职业道德，如诚信、合作精神和责任感。例如，在一个软件开发项目中，学生需要按时完成代码编写，并确保代码的质量和安全性。这既是对自己负责，也是对团队和最终用户负责。通过这样的项目实践，学生可以逐渐认识到职业道德的重要性，并开始在日常学习和生活中自觉地遵循这些道德规范。

项目实践还可以帮助学生培养应对职业挑战的能力。在真实的工作环境中，学生会遇到各种挑战，如技术问题、时间压力或客户需求的改变。为了应对这些挑战，学生需要具备较强的适应能力和问题解决能力，而核心素养的培养可以为学生提供必要的支持和指导。在项目实践中，学生需要不断调整和改进自己的工作方式，以应对各种不确定性。例如，在一个市场调研项目中，学生可能会发现原定的调研方法效果不佳，需要及时调整调研方案并重新制定策略。通过这样的实践经历，学生可以逐步掌握应对职业挑战的技能，并为进入职场应对复杂的工作环境做好准备。

项目实践可以为学生提供一个检验和展示自己职业素养的平台。在项目结束后，学生可以通过总结和反思，评估自己的表现，并从中吸取经验教训。这不仅可以帮助学生不断提升自己的职业能力，还可以增强他们的职业自信心。例如，在一个成功的项目展示中，学生不仅可以展示自己的专业技能，还可以展示在项目中体现出的职业素养，如团队合作精神、责任感和职业道德。这些经历不仅可以为学生未来的职业发展增添亮点，还可以为他们顺利进入职场提供有力的支持。

（三）增强自我效能感

自我效能感，指的是个体对自己完成特定任务或达到某种目标的能力的自信心。这种信念在很大程度上会影响学生在未来的学习和职业发展中所展现的积极性和持久性。通过完成项目实践，学生不仅能收获成就感和自信心，还能在核心素养的支持下为未来的学习和工作奠定坚实的基础。

项目实践可以为学生提供将理论知识转化为实际操作的平台。在这个过程中，学生需要面对真实的挑战，并通过自己的努力找到解决问题的办法。当学生成功地战胜这些挑战，完成项目时，他们自然会感受到一种强烈的成就感。这种成就感可以直接增强他们的自我效能感，使他们相信自己有能力在未来的学习和工作中继续取得成功。例如，在一个电子商务项目中，学生可能需要从零开始设计一个完整的在线销售平台。当他们最终成功开发并上线平台，吸引到第一批用户时，他们会认识到自己在技术开发、市场推广等方面的能力，从而增强对自己能力的信心。

项目实践中的任务分工和团队合作也是增强自我效能感的重要因素。在项目实践中，学生通常会被分配不同的任务，如有的负责市场调研，有的负责技术开发，有的负责项目管理。每个学生在完成自己任务的过程中，都会逐渐积累经验并取得成就。当整个团队完成项目时，学生会认识到自己在团队中不可或缺的作用，这会进一步增强他们的自我效能感。例如，在一个市场推广项目中，负责设计宣传策略的学生可能通过自己创意的宣传活动成功吸引了大量用户，这不仅可以提高项目的成功率，还可以让该学生认识到自己在市场营销方面的能力和潜力。

核心素养的培养，特别是问题解决能力、批判性思维和情感管理能力的培养，可以帮助学生在项目实践中更好地应对挑战并克服困难。这些素养使学生能够更有效地计划、执行和调整他们的工作，最终取得成功。当学生通过应用这些素养完成项目时，他们的自我效能感自然会得到增强。例如，在面对项目中出现的技术问题时，学生通过批判性思维和团队合作，可以找到创新的解决方案。这种成功的经历不仅可以增强他们的自我效能感，还可以增强他们在未来面对类似问题时的信心。

完成项目实践所带来的自我效能感，不仅对学生当前的学习有帮助，还会对他们未来的发展产生深远的影响。自我效能感强的学生通常更愿意挑战新的任务，更具备持续学习的动力，并且在遇到困难时会表现出更强的持久力。这种自我效能感可以为学生未来的学习和职业发展奠定坚实的基础。

第三节　中职学生项目实践的设计与管理

一、中职学生项目实践的设计

（一）项目选择与规划

1．选择项目主题

在中职学生的教育中，选择合适的项目主题非常重要。合适的项目主题不仅能激发学生的兴趣和学习动力，还能促进他们在实际应用中的技能和能力发展。因此，在选择项目主题时应该考虑到学生的专业方向、兴趣爱好及教学要求，确保能够达到教育和实际应用的双重目标。

选择项目主题需要考虑到学生的专业方向。中职学生通常在学校已经接受了一定程度的专业教育，他们已经掌握了一定的理论知识和基本技能。因此，项目主题应该与他们所学专业相关，能够延伸和应用他们已经学到的知识，加强对专业内容的理解和掌握。例如，学生可以选择设计和制作一个简单的微商小店运营，将课堂学习的电商理论知识与实际微商运营操作相结合。

选择项目主题应该考虑到学生的兴趣和实际应用的可能性。学生对项目的兴趣直接影响他们在项目中的投入和学习效果。因此，教师可以通过与学生的讨论和调研，了解他们的兴趣爱好和潜在的项目方向，从而选择一个能够激发他们兴趣的主题。例如，很多学生都有闲置的教材和课外书籍，通过校园二手书交易平台，学生可以买卖二手书，这既能节约资源，又能满足学习需求。可以搭建一个在线平台，提供书籍分类、搜索、购买和交易功能，以便学生通过平台发布书籍信息并进行交易。

选择项目主题还应该符合教学要求和实际应用的需要。教学要求包括项目的学习目标和教学内容，确保项目能够覆盖课程中规定的核心素养和学习要点。同时，项目主题的实际应用性也很重要，如能够让学生在完成项目的过程中体验真实的工作场景和问题解决过程。例如，在商务管理专业中，可以选择一个关于市场营销策划的项目主题。学生需要分析市场数据、制订市场营销计划，并且在模拟情境中实施这些计划和评估计划效果。通过参与这样的项目，学生不仅可以学到市场营销的理论知识，还可以培养分析和决策能力，提升实际操作技能。

2. 确定项目目标与任务

在选择和设计项目时，需要综合考虑学生的专业方向、学习阶段和实际需求，明确项目的学习目标和具体任务，以促进学生的全面发展和技能提升。项目的学习目标应该与学生的专业方向和教育要求紧密相关。中职学生通常在特定的职业领域接受教育，所以项目的学习目标应当能够深化和拓展他们在该领域的专业知识与技能。例如，设定一个项目任务，要求学生利用 Google Analytics 等数据分析工具，分析电子商务网站的流量、用户行为，并提出改进方案；或者让学生策划并执行一次社交媒体营销活动，通过分析效果数据来优化策略。通过完成这些任务，学生不仅能掌握基本操作技能，培养适应电商行业快速变化需求的能力，还能通过数据驱动的决策来增强电子商务项目的效果。

项目的学习目标和具体任务应结合核心素养的培养需求。除了专业技能的学习和应用，项目还应该涵盖信息技术素养、问题解决能力、创新精神等核心素养。这些素养不仅能帮助学生在项目中解决具体问题，还能提升他们的综合能力和竞争力。例如，一个涉及市场营销策划的项目，学习目标可以包括以下几项：①理解市场营销的基本理论和方法；②能够分析市场数据和竞争环境；③制订有效的市场营销策略和推广计划；④提高评估和调整策略的能力。具体任务可以包括以下几项：①进行市场调研，分析目标市场的需求和竞争情况；②制订市场营销计划，包括产品定位、价格策略、渠道选择等；③设计推广活动，并通过实际操作进行测试和评估。

（二）项目实施与执行

1. 项目规划与目标设定

项目的实施始于详细的规划和明确的目标设定。这个步骤要求学生理解项目的总体目标，制订清晰的行动计划，并为团队成员分配具体任务：一是确定项目的主要目标，如建立一个用户友好的电子商务平台、增加销售额或提升客户满意度；二是将项目拆分为多个子任务，如市场调研、网站开发、产品上架、推广策略等，并将这些任务分配给不同的团队或个人；三是制定一个详细的时间表，确保项目能够在规定的期限内完成。一个电子商务项目的目标可能是为一家小型企业建立在线销售渠道。学生需要规划从市场调研、网站设计与开发到产品上架、营销推广的所有步骤，并分配相应的任务和时间。

2. 市场调研与需求分析

在实施项目之前，进行市场调研和需求分析是关键步骤。这有助于学生了解目标市场的需求、竞争情况及客户偏好，从而为项目的后续步骤提供数据支持：一是通过问卷调查、焦点小组或数据分析工具，收集目标市场的相关信息；二是分析市场数据，确定潜在客户的需求和购买习惯，进而决定产品或服务的定位和定价策略。假设学生需要为一家服装店铺建立电子商务平台，他们可以通过市场调研了解消费者对不同服装类型的偏好，以及竞争对手的定价策略，进而优化自己的产品定位和营销策略。

3. 平台搭建与技术实现

这个阶段涉及电子商务平台的实际搭建，包括网站设计、功能开发和系统集成。学生需要运用所学的技术技能，确保平台的可用性和用户体验：一是选择合适的电子商务平台（如 Shopify、Magento 或 WooCommerce），根据项目需求进行功能定制；二是使用网页设计语言（如 HTML、CSS、JavaScript 等）和图形设计软件（如 Photoshop、Canva 等）进行网站设计；三是确保支付网关、物流跟踪和客户关系管理（Customer Relationship Management，CRM）系统等功能与平台无缝集成。例如，学生在为一家餐饮企业搭建电子商务平台时，需要选择一个支持在线订餐和配送功能的平台，并确保用户能非常方便地浏览菜单、下订单和支付。

4. 产品上架与内容管理

成功的电子商务项目不仅需要一个良好的平台，还需要高质量的产品展示和内容管理。学生在这个阶段将学习如何上架产品、管理库存及优化内容，以吸引客户：一是确保产品描述准确，包含关键特性、规格、价格和高质量图片；二是使用库存管理系统跟踪库存情况，避免超卖或缺货。可以通过搜索引擎优化和内容营销，提升产品页面的搜索排名和用户点击率。在上架服装产品时，学生需要为每件商品撰写详细的描述信息，上传多角度高清图片，并使用关键词优化产品页面，确保在搜索引擎中获得较高的排名。

5. 营销推广与客户互动

营销推广是电子商务项目的重要环节，旨在吸引流量并转化为销售。学生需要掌握各种数字营销工具和策略，并通过与客户互动来提高品牌忠诚度：一是利用社交媒体广告、电子邮件营销、搜索引擎优化等来吸引潜在客户；二是通过实时聊天、邮件回复和社交媒体互动与客户保持沟通，提升客户体验；三是设计和实施有吸引力的促销活动，如折扣、优惠券和免费配送，增加购买动力。学生在推广电子商务销售平台时，可能会使用微博、小红书和微信朋友圈广告来吸引目标客户，提供首次购买折扣，并通过客户反馈机制提升客户满意度。

6. 数据分析与优化改进

在执行项目的过程中，数据分析是持续优化和改进的重要工具。通过分析用户行为和销售数据，学生可以识别问题并调整策略，以增强项目效果：一是使用 Google Analytics 等工具，跟踪网站流量、用户行为、转化率和销售数据；二是通过数据分析，找出表现优异和有待改进的领域，做出数据驱动的决策；三是根据分析结果，调整网站布局、营销策略和产品定位，以提升整体项目表现。例如，学生发现某款产品的转化率较低，通过数据分析发现是由页面加载速度慢和描述不清楚导致的，因此优化页面速度并重新编写产品描述信息，最终提升转化率。

7. 项目评估与总结反思

在项目完成后，需要进行全面的评估和总结反思，以评估项目的成功之处与不足之处。学生应从中总结经验，提出改进建议，为未来的项目实施提供指导：一是依据项目初期设定的目标，评估项目的成功程度，并从数据、反馈和成果中进行综合分析；二是撰写项目总结报告，反思项目中的成功经验和遇到的挑战，并探讨未来改进的方法和策略。学生在为电子商务项目撰写总结报告时，需要评估网站的流量增长、销售转化率和客户满意度等指标，反思在项目管理和执行中的经验与不足，并提出未来的改进建议。

二、中职学生项目实践的管理

（一）资源管理

有效的资源管理不仅包括所需资源的确定和采购，还包括资源的合理分配、使用和监控，以确保能最大限度地支持学生的学习目标和项目实施需求。资源的确定和需求分析是资源管理的起点。

下面用一个电子商务的案例来说明如何通过有效的资源管理来优化项目实施。在项目开始之前，学生和教师应共同分析并确定项目所需的各种资源，如硬件设备（如计算机、服务器）、软件工具（如电子商务平台、数据分析工具）、财务预算、时间、人力资源（如团队成员分工）、培训材料等。假设学生的项目是为一家中小型企业创建和运营一个电子商务网站。在项目启动前，学生与教师需要共同进行需求分析，并列出所需的资源，包括选择合适的电子商务平台（如Shopify或WooCommerce）、设计工具（如Canva）、数据分析工具（如Google Analytics）、在线支付网关（如支付宝、PayPal或Stripe）、物流合作伙伴，以及营销推广所需的资金和工具（如Google Ads或社交媒体广告）。通过系统的需求分析，学生能够明确项目所需的各项资源，避免出现资源浪费或不足的情况，从而为项目的顺利实施奠定基础。

一旦确定了资源，接下来就要确保这些资源能得到合理分配和有效使用。合理分配意味着资源要与项目的需求相匹配，确保每个环节都有足够的资源支持，同时避免出现资源闲置或重复采购的问题。在项目实施过程中，学生分组负责不同的工作模块。例如，一组学生负责网站设计与开发，他们需要设计工具和编程软件；另一组学生负责市场推广，他们需要社交媒体管理工具和广告预算。资源的分配需要确保每组学生都能有效完成其职责。此外，还需要定期监控资源的使用情况，从而确保不超出预算且进展顺利。通过合理分配资源，各个小组能够高效运作，项目能够按计划进行，并且资源利用率能够达到最大化。

在项目执行期间，持续监控资源的使用情况非常重要。有效的监控可以及时发现问题，如资源使用不足或过度，以便进行必要的调整，确保项目顺利推进。在电子商务网站开发过程中，学生和教师应定期召开项目会议，检查资源使用情况。一旦发现问题，应立即进行调整，如重新分配预算，或者调整人员安排。可以通过持续监控和管理，及时解决项目中出现的任何资源问题，避免项目延误或资源浪费，从而确保项目按时按质完成。

在项目结束后，学生应总结和反思资源管理的经验与教训，这有助于加深他们对资源管理的理解，并为未来的项目积累宝贵的实践经验。在电子商务项目结束后，学生应撰写项目总结报告，详细记录资源确定、分配、使用和监控的整个过程，并反思其中的成功之处与不足之处。例如，分析预算是否被合理使用，哪些工具更加高效，以及哪些环节的资源分配还可以改进等。通过总结与反思，学生能提升资源管理能力，为未来的职业发展或进一步的学习奠定良好的基础。通过以上步骤，学生在电子商务项目中能够有效管理资源，确保实现项目目标，同时提升他们在实际操作中的资源管理能力。这种经验不仅有助于学生在学术上取得成功，还可以为他们未来进入职业领域做好准备。

资源管理还需要考虑到资源的可持续性和环境影响。中职学生项目实践虽然注重技术和实践能力的培养，但也应当关注资源的可持续性和环境保护。在资源采购和使用过程中，可以选择环保型的材料和设备，以减少对自然资源的消耗和对环境的影响；同时，可以通过合理规划和使用资源，降低在项目实施过程中的能源消耗和废物排放。

资源管理状况直接影响项目实践的顺利进行和学习效果的实现。通过有效的资源管理，中职学生可以学会如何有效利用有限的资源解决实际问题，培养自主管理和创新能力。教师在资源管理中扮演着重要角色，如他们需要引导学生学会合理规划和管理资源，为未来的职业发展奠定坚实的基础。因此，资源管理不仅是项目实践的一部分，而且是中职教育核心素养的体现之一，可以促进学生综合素质的全面提升和职业技能的全面发展。

（二）风险管理

项目实践涉及各种潜在的风险，如技术问题、时间延误、资源不足等，有效的风险管理可以帮助学生和教师预见可能出现的问题，并制定相应的应对策略，以最大限度地降低风险对项目进展和成果的影响。识别潜在风险是风险管理的第一步。学生和教师应当共同进行风险评估，识别可能会影响项目进展和成效的各种风险因素，如技术风险、时间风险、资源风险、市场风险等。技术风险可能包括技术设备的故障、软件开发的问题、技术实施的复杂性等。例如，如果学生团队计划开发一个智能家居系统，那么可能面临硬件兼容性、传感器数据准确性等技术挑战。时间风险涉及项目进度的延误和时间管理不当可能带来的影响，如出现技术问题可能会导致开发周期延长。资源风险主要是指项目所需资源的不足或使用效率低下可能导致的问题，如预算不足、实验材料供应延迟等。市场风险是指在项目实施过程中可能会面临的市场需求变化、竞争增加等外部因素所带来的不确定性。例如，市场需求的变化或竞争对手新产品的推出可能会影响到项目的商业化进程。

制定风险应对策略是有效应对各类风险的关键。针对不同的风险，需要制定具体的预防措施和应急计划，以便在风险事件发生时能够及时有效应对。对于技术风险，可以采取多样化的技术解决方案，如准备备用设备、向技术支持团队寻求协助等；对于时间风险，可以提前制订详细的项目进度计划，并设定里程碑，定期进行进度评估和调整；对于资源风险，可以与备选资源供应商建立联系，或者制订紧急采购计划以应对可能的资源短缺；对于市场风险，可以加强市场调研和竞争分析，提前做好市场需求变化的应对准备。在制定风险应对策略时，还应当考虑到团队成员的角色和责任分配，以确保每个人都清楚自己在风险应对计划中的任务和行动方向。

此外，定期的风险评估和监控也是必不可少的，以便随时调整和优化应对策略，确保项目在动态变化的环境中保持稳定和有效。除了预防措施和应急计划，有效沟通和团队协作也是成功应对风险的关键。学生团队应当建立开放和透明的沟通机制，及时分享信息和问题，并根据经验教训不断改进风险管理策略。

（三）其他管理

1．时间管理

为每个项目制订详细的计划，包括起始日期、重要里程碑、任务分配和预计完成时间，可以确保项目在规定的时间内有序推进。合理分配学生的时间，可以确保他们在项目实践过程中能够平衡学习和项目实践的时间，避免负担过重。

2．技能培训

经过系统的培训，学生可以更好地理解项目的目标和要求，掌握必备的基础知识和技能，为项目的成功奠定坚实的基础。这些培训内容应涵盖项目所需的软件工具、硬件设备以及相关的理论知识，如编程、数据分析、设计原理等。同时，培训还应注重实际操作。通过实践练习，学生可以熟悉项目中可能会遇到的各种情况和问题，提高实际动手能力。

在项目进行过程中，根据项目进展和学生需求，提供持续的技能培训和技术支持非常重要。在项目开始后，学生可能会遇到各种实际问题和挑战，这时需要教师或指导者及时提供帮助和指导。持续的技能培训可以根据项目的不同阶段进行调整和深化，从而确保学生在每个阶段都能获得所需的知识和技能。例如，在项目初期，可以重点培训基础技能；而在项目中后期，则可以针对具体问题进行深入培训，帮助学生解决实际困难。技术支持也是不可或缺的。在项目进行过程中，学生可能会遇到难以解决的技术问题，及时的技术支持可以帮助学生克服这些障碍，顺利推进项目。技术支持可以通过多种形式来提供，如在线咨询、实地指导、专题讲座等。同时，教师、技术专家应与学生保持密切的沟通，了解他们的需求和困难，及时提供有针对性的帮助和建议。

第四节　核心素养与项目实践结合的创新教育模式探索

一、技术整合与数字化学习工具的应用

（一）电子商务平台的应用

在中职教育中引入主流电子商务平台和开源电子商务系统进行学习与实践，是探索创新教育模式的重要途径。这种结合核心素养与项目实践的教育模式，不仅能提升学生的专业技能，还能培养他们的综合素质和创新能力。选择主流电子商务平台等进行学习和实践，能够让学生接触真实的电子商务环境。通过模拟店铺操作，学生可以学习和掌握平台的基本功能和运营技巧，包括商品上传、店铺装修、订单处理、客户服务等。这样的实践不仅能让学生熟悉电子商务平台的运作流程，还能提高他们的实际操作能力和问题解决能力。例如，在商品上传环节，学生需要了解商品信息的整理和编辑，以及如何使用关键词优化商品搜索排名；在店铺装修环节，学生可以学习视觉设计和用户体验的基本原则；在订单处理和客户服务环节，学生可以掌握物流管理和与客户沟通的技巧。这些实践经验不仅能增强学生的职业技能，还能培养他们的责任感。

使用开源电子商务系统（如 Magento、Shopify、WooCommerce 等）搭建自己的电子商务网站，是提升学生技术技能和实际操作能力的重要手段。通过这种方式，学生可以学习网站的设计、功能模块的开发与集成，从而提高他们的技术水平和创新能力。在搭建电子商务网站的过程中，学生需要进行需求分析、系统设计、前端开发和后端开发等一系列工作。这不仅能提升他们的编程技能和技术能力，还能培养他们的项目管理能力和团队合作精神。例如，在系统设计阶段，学生需要进行详细的需求分析和功能规划，从而确保网站的功能完整且易于使用；在前端开发阶段，学生可以学习 HTML、CSS 和 JavaScript 等语言，提高网站的美观度和交互性；在后端开发阶段，学生可以学习 PHP、MySQL 等技术，实现网站的功能模块和数据管理。在整个学习和实践过程中，教师可以通过项目式教学法，引导学生在实际问题中应用所学知识，培养他们的批判性思维和问题解决能力。例如，教师可以设计一个综合性的电子商务项目，要求学生从市场调研、产品设计、平台搭建到市场推广、客户服务等各个环节进行全面的操作和实践。在这个过程中，学生不仅能系统地学习和应用电

子商务知识，还能通过团队合作和项目管理提升沟通能力和团队合作能力。

（二）在线协作平台的引入

在线协作平台可以极大地促进中职学生在项目中的团队合作。学生可以轻松地创建团队空间，共享项目资料和资源。例如，团队成员可以同时编辑文档、制作幻灯片或表格，实时查看彼此的更新并进行即时反馈。这种协作方式不仅可以提高工作效率，还可以促进团队成员之间的密切合作，培养他们的团队精神和合作能力。在线协作平台可以为中职学生提供结构化的工作环境。在项目进行过程中，学生可以利用平台功能创建共享的日历和任务列表，从而确保每个团队成员都清楚任务的分工和时间表。例如，通过设定任务截止日期、分配责任人，并实时监控任务进度，学生能更加有效地管理项目的时间和资源，保证项目按时完成。

在线协作平台还提供了丰富的沟通工具，如即时聊天、视频会议和讨论板块等。这些工具可以为学生提供便捷的沟通渠道，不受时间和地域的限制，使跨团队或跨班级的合作变得更加容易和高效。通过在线讨论和会议，学生可以分享想法、解决问题，共同制定决策，从而培养他们的沟通技能、表达能力和批判性思维。

在线协作平台的引入有助于中职学生在实践中培养项目管理和技术应用的能力。他们可以学习如何有效地组织和管理项目，包括任务分配、进度跟踪、问题解决和风险管理等方面的实际操作。这些技能不仅对学生的学术发展有益，还可以为他们今后进入职场做好准备，提升他们的职业竞争力和就业能力。

引入在线协作平台可以为中职学生创新教育模式带来新的可能性和机遇。学生不仅可以学会如何在团队中合作、沟通和管理，还可以培养创新思维和解决实际问题的能力。他们能够在实践中应用所学的知识和技能，通过实际项目的经验积累，不断提升自己的能力，为未来的学习和职业发展奠定坚实的基础。

（三）模拟商业软件的使用

引入模拟商业软件在中职学生的教育中具有重要意义，不仅可以增强学生的技术应用能力，还可以培养他们在商业环境中所需的实际操作能力和职业素养。通过使用市场分析软件、会计软件及项目管理工具等，学生可以在模拟的商业环境中进行实际操作和决策，从而为其未来的职业发展做好准备。

引入市场分析软件有助于中职学生深入理解市场趋势和消费者行为规律。在商业课程中，学生可以利用这些工具分析市场数据、探索产品定位和制定竞争策略，从而提高他们的市场分析能力和决策能力。通过模拟不同的市场情境和数据场景，学生能够进行市场调研、市场定位和营销策略的制定，培养在商业运作中的实际应用能力。

会计软件的引入有助于学生理解财务管理和会计原理。通过模拟财务报表的编制、资产负债表和利润表的分析，学生可以掌握财务数据的录入、处理和解释技能。这种实战模拟不仅可以提升学生的财务分析能力，还可以提升他们在财务决策中的敏锐度和逻辑思维能力。学生可以通过分析公司财务状况，评估经营绩效，为未来的财务管理工作奠定坚实的基础。

利用项目管理工具能帮助学生学习和进行项目规划、执行、监控的全过程。通过模拟项目管理软件，学生可以学习如何有效地制订项目计划、分配资源、跟踪进度和控制风险。这种实践有助于培养学生的组织能力、沟通能力和问题解决能力，使他们能在未来的工作中担任项目管理的角色，并有效地协调团队成员的工作。

引入模拟商业软件不仅是对学术知识的应用和延伸，而且是对学生职业素养的全面培养。通过这些实际操作的学习，学生能在模拟的商业环境中体验真实的业务挑战和制订解决方案，从而增强自信心和职业准备能力。这种教育模式不仅能促进知识传递和技能训练，而且能培养和提升学生的综合素养。

（四）数据可视化工具的应用

数据可视化工具在中职学生的教育中具有重要作用。它不仅能帮助学生将复杂的数据转化为易于理解和分析的图表、图形，还能促进他们在项目实践中创新能力和实际操作能力的发展。学生可以更加直观地探索科学研究、市场调研和其他实践项目，进一步提升数据分析能力和问题解决能力。利用数据可视化工具，学生能够将大量的数据以图表、图形或地图等形式进行展示和分析（图 5-1）。在科学研究项目中，如天气预测或环境监测，学生可以利用数据可视化工具将观测到的数据按时间序列或空间分布展示出来，从而发现数据中的模式、趋势和异常情况。借助实时反馈功能，学生可以及时调整数据处理和分析方法，提高数据处理的效率和准确性。

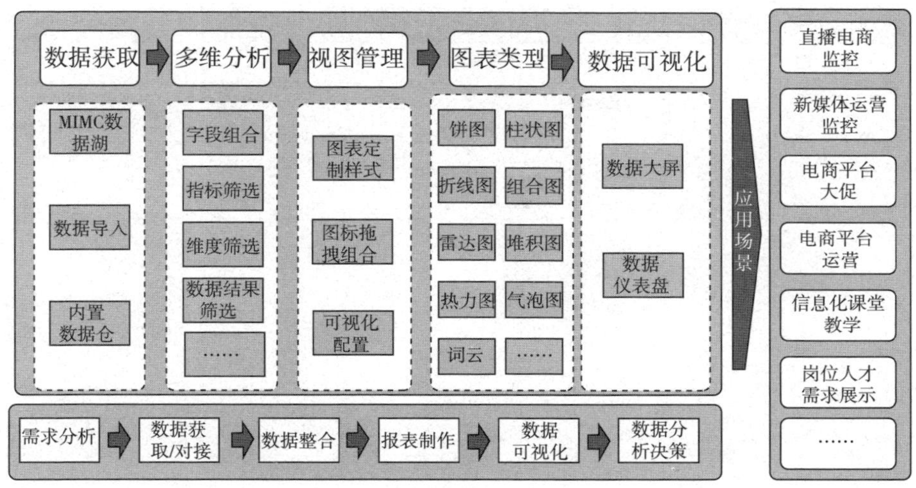

图 5-1　数据可视化工具的应用

数据可视化工具在市场调研和商业分析中也可以发挥重要作用。学生可以使用这些工具分析市场调查数据、顾客反馈或销售数据，并将这些数据转化为可视化的图表或报表，从而深入理解市场趋势和消费者行为规律。通过比较不同产品的销售数据或分析竞争对手的市场份额，学生可以制定更有效的营销策略和产品定位方案，从而提高自己在商业环境中的实际操作能力和市场洞察力。

数据可视化工具的应用还可以促进学生沟通能力和团队合作能力的提升。将在线协作平台（如 Google Workspace 或 Microsoft Teams）和数据可视化工具相结合，学生可以实时共享数据分析结果、讨论分析方法，并协作解决在项目执行中遇到的问题。这些数字化工具不仅可以简化团队管理和沟通的流程，还可以提高团队成员之间的沟通效率和协作质量，培养学生在团队环境中的协作能力和领导潜力。

数据可视化工具的引入不仅是对学术知识的应用和延伸，而且是对学生创新能力和实际操作能力的全面培养。学生能够在模拟和实际的项目实践中，体验真实的数据处理和分析过程（图 5-2）。

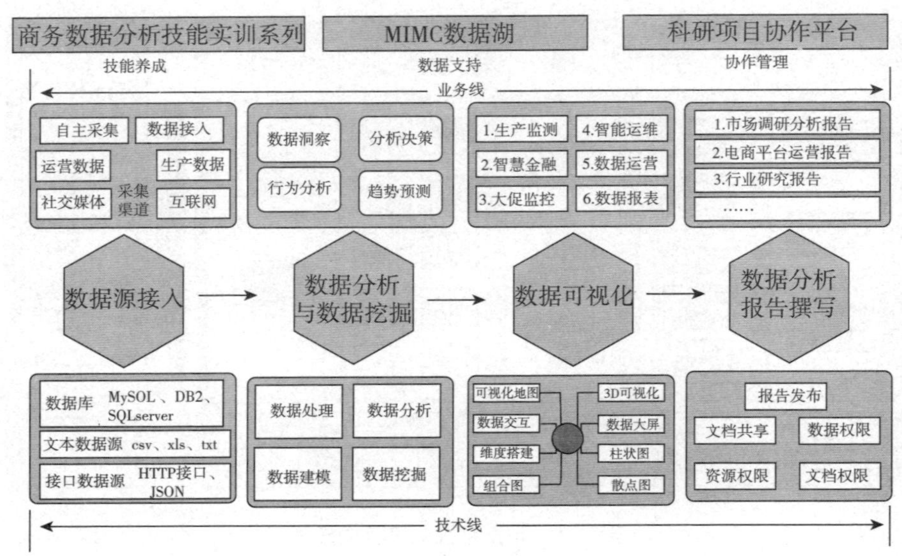

图 5-2　数据处理和分析过程示意图

二、以项目式学习为基础的教学设计

（一）项目式学习概述

项目式学习将学生置于复杂的、基于真实问题的项目环境中，要求他们通过主动探究、实践和反思来获取知识与技能。该方法特别适合培养学生的核心素养，因为它不仅强调知识的掌握，还注重技能、态度和价值观的全面发展。

项目式学习通过将核心素养与项目实践相结合，为学生提供能够全面发展的理想载体。项目式学习强调以学生为中心。在项目式学习中，学生不再是被动接受知识的对象，而是主动学习的主体。他们需要自主选择课题、制订计划、收集信息、分析数据，并最终得出结论。这种学习方式可以极大地激发学生的学习兴趣和主动性，培养他们的批判性思维能力、问题解决能力和创造力。例如，在一个以环境保护为主题的项目中，学生可能需要研究当地的环境问题，提出解决方案，并通过实际行动进行验证。这个过程不仅可以使学生深刻理解环境科学的相关知识，还可以培养他们的社会责任感和环境保护意识。

项目式学习还可以提供跨学科学习的机会。在项目式学习中，学生通常需要运用多门学科的知识来解决问题，这种方式有助于学生形成综合的知识体系，理解不同学科之间的联系和相互作用。例如，在一个关于城市规划的项目中，学生可能需要运用数学知识进行数据分析，运用地理知识研究城市布局，以及运用社会学知识分析城市发展对居民生活的影响。这种跨学科的学习不仅可以拓宽学生的知识面，还可以提升他们的综合应用能力，使他们能够在未来的学习和工作中应对更加复杂的挑战。

项目式学习特别注重学生实践能力的培养。在项目执行的过程中，学生不仅要掌握理论知识，还要将这些知识应用到实际问题的解决中。这种理论与实践相结合的学习方式可以极大地提升学生的动手能力和创新能力。例如，在一个关于创业的项目中，学生可能需要从市场调研、产品开发到市场推广全程参与，通过实践掌握商业运作的基本流程和技巧。这种实践经验可以为学生未来的职业发展奠定坚实的基础，使他们在进入职场后能更快地适应工作环境，展现自己的能力。

项目式学习强调反思与总结。在项目的各个阶段，学生都需要对自己的学习过程进行反思，总结经验教训，并据此进行调整和改进。这种反思过程有助于学生不断提高自己的学习能力，培养终身学习的意识和习惯。例如，在一个科学研究类的项目中，学生可能需要进行多次实验和数据分析，每次实验结束后都需要反思结果，总结不足之处，再进行调整。这种不断反思和改进的过程不仅可以使学生的研究能力不断提升，还可以培养他们严谨的科学态度和持之以恒的精神。

项目式学习中的合作学习是培养学生团队合作能力的重要途径。在项目式学习中，学生通常需要以小组为单位进行合作，通过分工协作完成复杂的任务。这种团队合作的方式不仅可以培养学生的沟通能力和协作精神，还可以使他们学会如何在团队中发挥自己的特长，为实现团队目标贡献力量。例如，在一个关于社会服务的项目中，学生可能需要分组进行不同社区的调研，并将调研结果汇总成一份完整的报告。这种合作过程不仅可以增强学生的团队意识，还可以增强他们的社会责任感。

（二）实践要点

在创新教育模式中，真实情境导入是核心素养与项目实践结合的关键步骤之一。将学生置于实际问题或需求的环境中，能够有效激发学生的学习兴趣和参与热情，帮助他们更好地理解知识的应用价值。例如，在中职学校的电子商务专业中，教师可以模拟真实企业的运营情境，让学生在实践中解决实际的问题。这种教学方式不仅可以传授知识，还可以让学生通过体验真实的情境来锻炼其综合能力。

在这种模式下，项目不再只是课堂上的练习，而是贴近现实生活的挑战。这种接近真实的学习体验有助于学生更深刻地理解市场动态和行业需求，从而培养他们的商业敏感性和决策能力。例如，可以要求学生设计和运营一个模拟的电子商务平台，同时他们会面对来自市场的多方需求，如用户体验、产品推广、物流管理等。通过解决这些实际问题，学生能够将理论知识与实践相结合，提升解决问题的能力。

在这个过程中，教师的角色发生了转变，从传统的知识传授者转变为学习的引导者和支持者。教师应通过适时的引导和反馈，帮助学生发现问题、提出解决方案，并对项目的进展进行调整和优化。同时，教师还应鼓励学生在项目中进行自我反思和总结，从而不断改进他们的工作方式和学习策略。

核心素养的培养在这个过程中起着至关重要的作用。通过引入真实情境，学生不仅可以应用所学的知识和技能，还可以提升团队合作能力、沟通能力和自我管理能力。此外，真实情境的引入也有助于强化学生的社会责任感，使他们认识到自己的学习和工作对社会的影响，进而更加积极主动地参与到项目中。

第六章　教师角色转变与中职学生创新教育的核心素养培养

第一节　核心素养视角下的教师角色转变分析

在当今教育改革的背景下，特别是在“三教改革”（教师、教材、教法）的大力推动下，教育的重心正从传统的知识传授逐步转向核心素养的培养。这种转变要求教师不仅是知识的传递者，而且是学生综合素质发展的促进者。核心素养视角强调学生在知识、技能、态度等多个维度的全面发展，教师的角色也随之发生了深刻的变化。这种变化直接影响教学实践的设计和实施，在项目实践教学中的变化更为显著。

随着核心素养成为教育目标的重点，教师的角色从“知识的权威”逐渐转变为“学习的引导者”“教育的设计师”。教师不再是单一的知识传递者，而是需要帮助学生在实际问题解决中应用所学，培养他们的创新能力、合作精神和社会责任感。这种转变要求教师具备更强的教育创新意识，能够灵活运用多样化的教学方法，以支持学生核心素养的发展。特别是在项目实践教学中，教师的角色不应局限于传授理论知识，而应成为项目设计者和实施指导者，帮助学生通过实践活动将理论与实际相结合，从而提升其综合素养。

“三教改革”明确要求教师在教学过程中要加强对教材的选择与更新，注重理论与实践的结合，同时运用多样化的教学方法培养学生的自主学习能力和创新能力。在此背景下，项目实践教学成为落实这项改革的重要手段。项目实践教学强调通过实际的项目任务，让学生在真实的情境中学习和应用知识。在这种教学模式下，教师需要具备策划和组织实践活动的能力，能够引导学生进行探究式学习，并通过及时反馈和指导帮助学生不断反思与改进，从而实现核心素养的全面提升。

因此，在核心素养视角下的教师角色转变与项目实践教学有密切的关联。在“三教改革”的要求下，教师需要不断更新自己的知识和技能，转变教学观念和方式，以项目实践为载体，推动学生核心素养的发展。这种角色转变不仅可以增强教学的有效性和针对性，还可以为学生未来的职业发展奠定坚实的基础。

一、教师从课堂管理者转变为学生发展的指导者

教师的课堂管理者角色和学生发展指导者角色密切相关，相辅相成。首先，良好的课堂管理可以为学生的学习和发展提供良好的环境，使其能够集中精力学习，顺利完成学业目标。其次，有效的学生发展指导可以帮助学生树立学习目标和职业目标，增强学生的学习动力和积极性，促进课堂管理的有效性。在课堂上，教师主要扮演课堂管理者的角色；在课外，教师更多扮演学生发展指导者的角色。角色的转换需要教师具备较强的灵活性和适应性。

教师既是课堂的管理者，也是学生发展的指导者。这就要求教师不仅要具备扎实的学科知识和教学能力，还要具备良好的沟通能力、心理辅导能力和职业规划指导能力。教师不仅要关注学生的学业成绩，还要关注学生的生活技能、心理健康和职业规划，帮助学生实现全面发展。通过有效的课堂管理和个性化的学生发展指导，教师可以帮助学生提高自主学习能力和自我管理能力，使其能够在未来的学习和工作中独立思考与自主发展。

（一）心理辅导

在现代教育中，教师不仅要传授知识，而且要关注学生的全面发展，其中包括学生的心理健康。学生在学习和生活中常常会遇到各种问题与困惑，而教师通过心理辅导和支持，能够帮助他们保持积极的心态，增强自信心和抗压能力。教师在心理辅导中的角色是理解者和倾听者。教室不仅是传递知识的场所，而且是学生情感和思想的交流空间。教师应学会倾听学生内心的声音，了解他们的烦恼和困扰。这种理解不应只局限于学术上的困难，还应包括学生在生活中可能面临的挑战，如在人际关系、家庭问题或自我认知上的困扰。通过真诚倾听，教师能够建立起与学生之间的信任和良好的沟通关系，为后续的心理辅导和支持奠定基础。

教师需要具备一定的心理学知识和技能。虽然教师的专业领域主要是学科知识，但具备基本的心理学知识能够帮助他们更好地理解和分析学生的心理状态。例如，了解青少年的成长特点和心理发展阶段，可以帮助教师更加敏锐地捕捉到学生可能存在的问题，及时进行干预和引导。这种心理学知识不仅适用于课堂上的管理和教学，而且适用于个别辅导和谈心过程，能更有针对性地帮助学生解决

心理难题。

教师在心理辅导中的主要作用是预防和干预。预防是指通过教育和培训，提前发现和预防潜在的心理问题。例如，教师可以通过课堂上的小组讨论、心理健康教育课程或定期的班会活动，引导学生认识到心理健康的重要性，学习有效缓解压力的方法。同时，教师还可以通过学生的日常表现和言行举止，及时发现潜在的心理问题，并在必要时寻求专业的心理咨询师或辅导员进行进一步的干预。

教师在心理辅导中的次要作用是引导和支持。当学生面对挫折和困难时，往往需要一位成熟的引导者来指导他们走出困境。教师可以通过积极的言语和行动，鼓励学生勇敢面对挑战，增强他们的自信心和抗压能力。例如，当学生在学习上遇到困难时，教师可以通过肯定学生的努力和进步，激励他们继续努力；当学生在人际关系上遇到问题时，教师可以通过角色扮演或情景模拟，帮助学生掌握有效的沟通技巧和解决冲突的方法。这种引导和支持不仅体现在问题解决上，而且体现在培养学生的自主性上，可以帮助他们形成积极的人生态度，以及提高自我管理能力。

（二）品德教育

核心素养教育强调学生全面发展，其中品德教育旨在引导学生在道德、伦理和社会责任感等方面成长，成为具有良好道德品质和积极社会参与能力的公民。教师在品德教育中的角色是榜样和引导者。教师的言行举止对学生有深远的影响，他们不仅是知识的传授者，而且是学生道德观念形成的重要参照物。通过自身的行为示范和言传身教，教师能够向学生展示什么是真正的道德和价值。例如，在处理课堂纪律问题时，教师可以展现公正和宽容的态度；在团队合作活动中，教师可以强调团结和互助的重要性。这种榜样作用既在于言传，也在于身教，通过实际行动来激励学生模仿和学习。

教师需要在教学内容中融入品德教育。教师可以通过课堂上的案例分析、文学作品、历史事件等形式，引导学生探讨和思考道德问题。例如，教师可以通过分析历史上的伟大领袖如何在困境中展现出坚强的品格，激发学生对坚持正义和道德勇气的尊重与追求；教师也可以通过分析文学作品中的人物塑造和情节安排，引导学生思考善恶、正误和责任感等价值观念。开展品德教育不仅可以帮助学生理解和接受道德规范，而且可以培养他们在现实生活中遵守这些道德规范的能力。

在品德教育中，教师可以促进学生的自我反思和培养其批判性思维。品德教育并非简单灌输道德标准，而是要求学生具备独立思考和判断的能力。教师可以通过开展讨论、辩论和个人写作等活动，激发学生对道德问题进行深入思考和自我反省。例如，通过对社会新闻事件的讨论，学生可以从多个角度分析和评估其中的道德选择与影响；通过个人写作的方式，学生可以表达自己对道德困境的看法和提供解决方案。

教师不仅是知识的传授者，而且是学生思想认知和道德判断能力的引导者，可以帮助他们形成独立且有批判性的思维方式。教师在品德教育中的角色定位是与家庭和社会共同育人。品德教育不能只局限于学校的教学活动，还需要与家庭和社会各界紧密合作。教师可以与家长进行沟通和合作，共同关注学生的品德发展和行为习惯；教师还可以通过开展社区服务和实地考察等活动，让学生深入了解社会的多样性和复杂性，从而培养他们的社会责任感和公民意识。这种教育模式不仅能在学校内部形成良好的教育氛围，还能扩展到社会各个领域，为学生提供更加全面和深入的品德教育体验。

二、教师从教书育人转变为全面发展

（一）教师需要根据不同的教学情境，灵活转换角色

在现代教育的实践中，教师的角色变得更加多样化和复杂化，如不再局限于传统的知识传授者，而是需要根据不同的教学情境灵活转换角色，以更好地满足教学目标和学生需求，提供多样化的教育支持。在核心素养视角下的教师角色转变，不仅强调教师在教学中的多功能性，而且凸显他们在塑造学生综合素质和培养未来公民能力中的关键作用。

第一，教师作为引导者的角色在教学中尤为重要。作为引导者，教师不仅是知识的传授者，而且是学生在学习过程中的导航者和激励者。教师要激发学生的学习兴趣，引导他们积极探索和发现知识的乐趣。例如，在探究式学习中，教师可以通过提出问题、引导讨论和启发思考，帮助学生主动探索解决问题的方法和策略。通过设定学习目标和提供清晰的学习路径，教师能够有效地引导学生在学术和生活技能方面全面发展。

第二，教师作为组织者的角色涵盖教学活动的各个方面。作为组织者，教师需要有效地规划和管理课堂时间，合理安排学习任务和活动。这不仅包括课程内容的组织和构建，还包括学生之间合作与协作的促进。例如，教师可以根据每个学生的特长和能力，灵活分配角色和任务，促进学生在合作中的相互理解和沟通

协调。通过组织教学活动，教师能够为学生提供积极互动和协作互助的学习环境，培养其团队合作和组织管理能力。

第三，教师作为评估者的角色对学生的学习和成长起关键作用。评估不仅是对学术表现的检查，而且是对学生能力和发展的全面评价。作为评估者，教师需要根据教学目标设定有效的评估标准和方法，包括课堂表现、作业质量、考试成绩及项目成果等多方面的评价。同时，教师还应当关注学生的个性化发展情况，帮助学生认识到自己的优势和需要改进之处。例如，在个别辅导中，教师可以针对学生的学习特点和困难点，提供个性化的学习建议和技能培养方案，促进其学习效率的持续提升。

第四，教师作为支持者的角色是促进学生学习和全面发展的重要保障。作为支持者，教师不仅要在学术上提供支持和指导，而且要在情感和心理层面上给予学生关怀和鼓励。例如，在学习困难或个人问题面前，教师可以成为学生的倾听者，通过心理支持和鼓励，帮助学生克服困难，使其保持学习的动力和积极性。此外，教师还可以通过学习资源的分享、学习技巧的指导以及职业规划的建议，全方位地支持学生的个人发展和未来职业目标的实现。

（二）教师需要关注学生的成长

在核心素养视角下，教师的角色正在经历深刻的转变，从传统的知识传授者逐渐转变为学生全面发展的支持者。这一转变要求教师不仅要关注学生的学业成绩，还要关注他们的社会情感发展、职业规划和个人成长。这种角色转变对于学生的全面发展具有重要意义，并且可以为教育实践提供新的方向。

教师需要关注学生的成长，不能仅注重其学业成绩的提升。学生的心理健康、社会技能和职业发展都是全面发展的重要方面。教师应通过个别辅导、心理咨询和职业规划课程，帮助学生识别自身优势和兴趣，设定切实可行的发展目标。例如，教师可以组织定期的心理健康讲座，提供情感支持，帮助学生缓解学习压力，以及解决情绪问题。同时，教师可以引导学生了解不同职业的要求和发展路径，通过开设职业规划课程来提供专业建议，帮助学生为未来的职业发展做好准备。这种全面的支持有助于学生在学术、情感和职业发展上取得平衡，从而促进他们的全面成长。

教师在支持学生的多样性方面也扮演着重要角色。每个学生都有独特的学习需求和个体差异。教师应尊重这些差异，提供个性化的学习支持和辅导。例如，对于学习进度较慢的学生，教师可以制订额外的辅导计划，提供针对性较强的帮助；对于有特殊兴趣或天赋的学生，教师可以设计丰富的拓展活动，挖掘他们的潜能。教师可以通过这种个性化的支持，满足学生的不同需求，确保每个学生都能在适合自己的学习方式中取得进步。

教师在引导学生社会情感发展方面也发挥着重要作用。现代教育不仅关注学生的学习成绩，而且注重学生的情感发展和社会适应能力。教师应鼓励学生参与合作学习和社会实践活动，帮助他们培养团队合作精神、沟通能力和领导能力。例如，教师可以组织小组讨论、社会服务项目等活动，让学生在实践中锻炼与他人合作的能力，增强社会责任感和集体意识。这种情感和社会技能的培养对学生未来的社会适应与职业发展具有重要影响。

三、教师从课堂管理者转变为学习共同体成员

教师从课堂管理者向学习共同体成员的转变，是现代教育理念中重要的变化趋势。这种转变强调教师不仅是知识的传授者和课堂纪律的维护者，而且是与学生共同学习、共同成长的一员。在传统课堂中，教师通常被视为知识的权威，学生是知识的接受者。而在学习共同体中，教师更多扮演学习伙伴的角色，与学生一起探索和探讨知识。教师的角色从课堂秩序的控制者和管理者，转变为学生自主学习的引导者和支持者。例如，教师可以帮助学生设定学习目标，为其提供资源和建议，鼓励他们独立思考和合作学习。

（一）教师和学生建立平等的师生关系

教师角色转变强调教师不再是单向的知识传授者，而是与学生共同构建知识、探索问题、应对挑战的合作伙伴。在这样的教育理念指导下，教师需要通过尊重学生的主体地位，倾听他们的意见和建议，积极促进师生之间的平等互信关系，从而营造积极开放的学习环境。

平等的师生关系建立在尊重学生个体差异和多样性的基础上。教师应当意识到每个学生都是独特的个体，拥有自己的思想、感受和学习方式。因此，教师需要摒弃对学生“一刀切”的态度，要以开放包容的心态对待每个学生。例如，在课堂上，教师可以通过鼓励学生分享自己的经验和观点，尊重他们多样化的思维方式和学习风格，帮助他们增强自信心和表达能力。通过这种个性化的关怀和支持，教师能有效地激发学生的学习兴趣和参与热情，促进他们在学术和个人发展上的全面提升。

平等的师生关系需要建立在互信和情感共鸣的基础上。教师应当努力与学生

建立起一种良好的沟通和互动模式，从而使学生能够表达自己真实的想法和情感。通过倾听学生的声音和需求，教师能更好地理解他们的内心世界和学习动机，更好地满足他们的学习需求。例如，教师可以定期组织学生开展座谈会或反馈调查，收集学生对教学内容和方式的意见与建议，以便及时提升教学质量和学习体验。通过建立互信和情感共鸣，教师不仅能增强学生对教学的参与感和归属感，还能增强教学效果，以及提升学生学习成就的整体水平。

平等的师生关系需要教师在教学实践中展示出自身的责任和尊严。尊重学生的主体地位并不意味着放弃教师的权威和责任，而是通过权威的表现和专业的素养，赢得学生的尊重和信任。例如，在管理课堂纪律和维持教学秩序方面，教师需要明确自己的规范和标准，同时尊重学生的个人尊严和行为选择，建立起一种相互理解和尊重的关系。教师的权威性不仅来源于其专业知识和教学技能，而且来源于其对学生整体发展的关注。通过展示这种责任和尊严，教师能有效地维护教学秩序和学生行为规范，营造安全有序的学习环境。

平等的师生关系需要教师在教学实践中不断反思和改进自己的教学方法与态度。教师应当积极参与同行评教、教学观摩及专业发展活动，从中吸取他人的经验和教训，不断提升自身的教育教学水平。例如，通过参与跨学科的教学团队，教师可以与其他学科的教师分享教学策略和教学资源，拓宽自己的教学视野。通过反思和改进，教师能够更加灵活地适应复杂多变的教育环境，为学生提供更加有效和个性化的学习支持。

（二）教师和学生共同成长与发展

在现代教育中，教师不仅是知识的传授者，而且是和学生共同成长与发展的伙伴及引导者。教师的角色转变强调教师在教学过程中与学生之间互动和合作的重要性，以及教师自身在这个过程中的持续学习和成长。

教师和学生共同成长与发展的理念体现在教师和学生之间的互动与合作关系上。教师不仅要向学生传授知识，而且要与学生建立起一种积极的互动模式。教师需要倾听学生的声音和需求，了解他们的学习兴趣和个人目标，从而更好地调整教学内容和方法。例如，教师可以与学生共同探讨问题、共享思考，引导学生积极参与知识的构建过程，促进他们的主动学习和创新能力的发展。通过这种互动与合作，教师能更好地理解学生的学习需求，有效激发和培养他们的学习动机与学习兴趣。

教师和学生共同成长与发展的实现需要教师不断反思并改进自己的教学实

践。教师的专业发展不应止步于掌握教学知识和技能，而应涵盖教育理念的深化和教育智慧的提升。例如，教师可以通过参与教学观摩、同行评教和专业研讨会等活动，与他人分享和交流教学经验，从中吸取经验并改进教学策略。通过反思教学中的成功和失败经验，教师能不断优化自己的教学方法，增强教学效果，促进学生的全面发展。

教师和学生共同成长与发展的实现需要教师关注学生的个性发展及心理健康。教师不仅要关注学生的学习表现，而且要关注他们的情感状态和社会适应能力。教师要关注和支持学生的个人成长和生活发展，为他们提供温暖、包容的学习和生活环境。

教师和学生共同成长与发展的实现需要建立在彼此信任和尊重的基础上。教师应尊重学生的个体差异和多样性，不将其视为被教育对象，而是将其作为教育伙伴，共同探索知识的奥秘和学习的乐趣。教师不仅要在知识上与学生共同成长，而且要在思想观念和教育价值观念上与学生共同进步，共同形成未来社会的积极力量。

第二节　中职教师在核心素养培养中的作用与责任

在中职教育中，教师的核心素养对于学生的全面发展和职业素养培养非常重要。这些核心素养不仅涉及教师的专业知识和教学技能，还涵盖对学生心理发展、职业道德的深刻理解和社会适应能力及实践能力。随着教育理念的不断更新和社会需求的不断变化，中职教师的核心素养也在不断拓展和深化。

中职教师的核心素养培养涉及多个方面。首先，教师需要具备扎实的专业知识和教学技能，以确保能够为学生提供高质量的职业教育和技能培训。其次，教师需要掌握有效的教学方法和策略，包括如何设计课程、进行课堂管理、评价学生表现等，以适应不断变化的教育环境和学生需求。最后，教师需要具备强烈的职业道德和责任感，尊重学生的个体差异，公平公正地对待每个学生，帮助他们设定并实现职业发展目标。

一、中职教师在核心素养培养中的作用

（一）提供行业引导和职业指导

在当今快速变化和高度竞争的职业环境中，中职教师不仅要传授学术知识，

而且要为学生的职业发展提供全面的支持和指导。在核心素养培养理念的指导下，中职教师被要求不断拓展自己的教育角色，成为学生职业发展的引导者和行业导师的关键连接点。通过邀请行业专家和企业导师参与教学活动，教师可以有效地向学生介绍最新的行业发展动态和职业要求，帮助他们了解行业运作模式和职业路径，为其职业发展的成功奠定坚实的基础。

中职教师在核心素养培养中扮演的角色不仅是知识传授者，而且是学生职业发展的引导者。教师应了解和把握当前社会的职业需求和行业发展趋势，通过自身的教学实践和学科背景，为学生提供具体的职业规划和发展建议。例如，教师可以结合课堂教学和实地考察，引导学生了解不同行业的特点和就业前景，帮助他们明确职业方向和发展路径。通过这种引导作用，教师能帮助学生在职业选择和规划中更加明智与自信。

邀请行业专家和企业导师参与教学活动，是中职教育中非常有效的一种方式。行业专家和企业导师不仅能传授实用的行业知识与技能，而且能向学生展示真实的工作场景和职业生活。例如，可以通过邀请企业导师举办职场讲座或进行实习指导，让学生能直接接触和了解现代工作环境中的工作要求与职业素养。这种实践性教学不仅可以丰富学生的职业认知，还可以帮助他们培养解决实际问题和适应职场挑战的能力。

中职教师在核心素养培养中的作用，还体现在能帮助学生培养综合素质和职业技能上。除了学术知识的传授，教师还应重视学生的综合素质和职业技能的培养。例如，通过开展项目式学习或实践课程，教师可以引导学生参与真实的项目案例分析和解决方案设计，培养他们的团队合作精神、沟通能力和创新能力。这些综合素质和职业技能对于学生未来进入职场与持续发展至关重要，教师的引导和支持是其发展的重要保障。

中职教师在核心素养培养中的作用还包括通过个性化的辅导和指导，帮助学生挖掘和发展自身潜力。每个学生都有自己的职业兴趣和优势，教师应当在教学过程中识别和重视每个学生的个体差异，为其量身定制职业发展规划和学习路径。例如，通过定期的个别辅导和职业咨询，教师可以与学生深入探讨其职业目标和发展愿景，为其提供具体的建议和支持，帮助他们实现个人职业发展的目标。

（二）引导学生培养良好的情感态度以及树立正确的价值观

教师的作用不仅是传授学术知识和职业技能，而且是通过言传身教和教育实践，引导学生培养良好的情感态度以及树立正确的价值观。学生应具备的品质包括社会责任感、团队合作精神、正直诚信等，并且是学生成长过程中不可或缺的一部分。中职教育的核心素养培养，不仅关注学生专业能力的提升，而且注重其人格品质和社会价值观的塑造，从而为他们未来的职业发展和社会生活奠定坚实的基础。

中职教师在培养学生良好的情感态度以及树立正确的价值观中的作用体现在积极倡导和实践道德教育方面。道德教育不仅告诉学生应该如何规范自己的行为，而且通过实际行动和例子教会他们诚实守信、尊重他人、关爱社会的重要性。例如，教师可以通过课堂讨论、案例分析以及生活实例分享，引导学生思考和讨论各种道德难题，培养他们正确处理人际关系和社会互动的能力。学生逐步形成良好的行为习惯和道德观念，可以为其成为社会有益成员奠定坚实的基础。

中职教师在培养学生良好的情感态度以及树立正确的价值观中的作用体现在心理健康教育的引导和支持上。心理健康是学生个体全面发展的重要组成部分，也是塑造积极情感态度和正确价值观的基础。教师可以通过开展心理健康课程、个别心理辅导和心理测评等方式，帮助学生认识和管理自己的情绪、增强心理韧性，从而提升其面对挑战和压力时的应对能力。

中职教师在培养学生良好的情感态度以及树立正确的价值观中的作用体现在团队合作和社会责任感的培养上。现代社会强调将团队合作和社会责任感作为重要的职业素养与生活技能，这些素养不仅决定了个体在团队中的角色与表现，还会直接影响整个社会的和谐与发展。例如，教师可以通过组织团队项目、协作任务及社区服务活动，培养学生有效沟通、团队协作和解决问题的能力，以及增强其社会责任感和公民意识。通过这些实践，学生不仅能提升自身的团队合作能力，还能培养出积极的心态和行动力。

中职教师在培养学生良好的情感态度以及树立正确的价值观中的作用还体现在以身作则和持续教育上。作为学生的榜样和引导者，教师应注重自身的职业道德和人格修养，通过言传身教的方式影响和启发学生。同时，教师也应当不断提升自己的教育水平和专业能力，与时俱进，以更好地适应和引导学生在不断变化的社会环境中成长与发展。

二、中职教师在核心素养培养中的责任

（一）提供全面的学习支持和指导

教师的责任不仅是传授学术知识，而且是为学生提供全面的学习支持和指

导，帮助他们在多个领域和层次上发展核心素养。这种全面的支持和指导包括制订个性化的学习计划、分配任务、提供学习资源等，这些措施旨在确保每个学生都能根据自身的学习特点和兴趣得到最大限度的成长和发展。

中职教师在核心素养培养中的责任体现在为学生制订个性化的学习计划上。每个学生都有独特的学习风格、学习节奏和学习需求，因此教师需要通过深入了解每个学生的情况，制订符合其发展需求的个性化学习计划。例如，教师可以根据学生的学习目标和能力水平，调整课程设置和学习进度，使其既能在学术上取得进步，又能在其他核心素养（如沟通能力、创新能力等）上有所提升。通过提供个性化的学习计划，教师能更好地激发学生的学习动机和学习兴趣，实现其个人发展的最大化。

教师在提供全面学习支持和指导中的责任还包括有效的任务分配和管理。任务分配不仅要为学生分配作业或项目，而且要根据学生的能力和发展阶段，合理安排任务的难度和复杂度，以促进其能力的全面提升。例如，教师可以通过项目式学习或跨学科项目，让学生在实践中应用和整合所学知识，培养其问题解决能力和团队合作能力。在任务管理上，教师还需要及时反馈学生的学习成果和表现，纠正其在学习过程中出现的错误，促进其持续进步和成长。

提供全面学习支持和指导还包括丰富和优化学习资源。学习资源的多样性和有效性对学生的学习成效具有重要影响。教师可以通过整合课堂教学、网络资源、实验室设施等多种资源，为学生创造丰富的学习体验和学习机会。例如，教师可以引导学生利用数字化教育平台进行在线学习和交流，参与校内外的学术竞赛和实习项目，拓宽学科视野。同时，教师还应当关注和利用新兴科技和教育工具，如虚拟现实技术和人工智能辅助学习系统，为学生提供更具创新性和实用性的学习体验。

（二）培养学生的核心素养和职业能力

教师的责任之一是培养学生的核心素养和职业能力。核心素养与职业能力包括但不限于批判性思维、创新能力、沟通能力、团队合作能力和问题解决能力。这些不仅是学生在职业发展中取得成功所必需的，还是他们成为全面发展的社会人才的关键因素。因此，教师应通过课堂教学、实习实训、校企合作项目等多种方式，确保学生在实践中能够有效地掌握这些核心素养和职业能力，为他们未来的职业发展做好充分准备。

教师在核心素养培养中的责任是通过课堂教学深化学生的批判性思维和创新

能力。批判性思维是指学生在面对复杂问题和信息时，能够进行深入分析、综合评估，并做出理性判断的能力。教师可以通过设计开放性问题、开展案例分析和辩论讨论等，激发学生的批判性思维，帮助他们培养分析问题、提出解决方案的能力。同时，通过启发式教学和创新项目，教师可以引导学生在实践中运用创新思维解决现实问题，培养其创新精神和实际操作能力。

教师在培养学生核心素养中的责任包括提升学生的沟通能力和团队合作能力。沟通能力是学生有效表达和交流想法的能力，团队合作能力则是学生在协作中有效地与他人合作、共同实现目标的能力。教师可以通过组织小组讨论、项目合作和角色扮演等活动，锻炼学生的沟通能力和团队合作能力。教师不仅要充当指导者和监督者的角色，而且要成为学生团队合作的支持者和激励者，鼓励他们有效地协调角色和分配任务，实现共同的学习目标。

教师在核心素养培养中的责任包括通过实习实训和校企合作项目，提升学生的问题解决能力和职业技能。实习实训是学生将课堂学习与实际工作环境相结合的重要途径，通过参与实际工作任务和项目，学生能在真实场景中应用和巩固所学的知识与技能。教师可以通过安排实习岗位、监督实习过程以及进行实习成果评估，帮助学生逐步提高解决实际问题的能力，并培养其在不同职业环境中的自信心和适应能力。

教师在核心素养培养中的责任还包括为学生提供持续的职业发展指导和支持。教师不仅要关注学生在学术上的成长，还要关注他们的职业规划和个人发展。通过个别辅导、职业咨询和邀请行业导师进行指导，教师可以帮助学生了解行业趋势、探索职业路径，并提供实用的职业建议和资源支持。这种个性化的职业发展指导不仅能帮助学生设定明确的职业目标，还能激励他们在学习和实践中不断进步，最终实现个人职业发展的成功。

第三节　中职学生核心素养的德育实践与探索

一、培养核心素养的德育做法

（一）提出“知行合一·出彩人生”的德育主线

王守仁提出的“知行合一”哲学观点，强调道德修养与行为实践的紧密结合。这个观点指引着中职学校在德育管理中，不仅要注重学生道德认知的培养，而且要通过在实际行动中践行道德，使道德观念内化为行为习惯和处事原则。中职学校可以通过开展社会实践活动、志愿者服务、校园文化建设等方式，引导学生将道德理念付诸实践，真正做到“知行合一”。陶行知的教育理念“生活即教育、社会即学校、教学做合一”，强调教育不应只局限于课堂内的知识传授，还应融入学生的日常生活和社会实践中。

中职学校作为培养实用型人才的重要平台，需要在课程设置和教学组织上创新，将学科知识与职业技能有机结合，从而使学生在学习中能够直接应对社会需求和行业挑战。通过项目驱动的教学、跨学科的综合实践等方式，学生可以在实际操作中应用所学知识，从而提升自身的职业素养和实际操作能力。

《中国学生发展核心素养》的发布，明确了学生应具备适应终身发展和社会发展所需的必备品格和关键能力。这些核心素养包括但不限于批判性思维、创新能力、沟通表达能力、团队合作能力、跨文化意识等，这些能力不仅对学生的个人发展至关重要，还是他们成为国家建设者和接班人的基础条件。中职学校在培养学生的核心素养时，应当贯彻“知行合一・出彩人生”的德育管理主线，强化学生的社会参与意识、文化基础素养和自主发展能力。

具体而言，中职学校可以通过以下几个方面来落实和强化“知行合一・出彩人生”的教育理念与德育管理主线：

（1）加强德育课程建设。教师不仅要注重传授道德理论知识，而且要通过案例分析、讨论辩论等方式，引导学生分析和解决现实生活中的道德问题，培养学生正确的道德判断和行为准则。

（2）促进学生的社会实践和实习。中职学校可以与企业、社区等开展深度合作，为学生提供多样化的实习机会和社会实践平台，让学生在实际工作中体验职业生活，锻炼问题解决能力和团队协作精神。

（3）强化学生的自主发展能力。教师可以通过课外活动、学生自治组织的建设、个性化学习方案的设计等措施，鼓励学生自主选择学习方向和发展路径，培养其自我管理、自我激励的能力。

（4）建设良好的文化氛围和校园环境。中职学校应注重营造积极向上的学习氛围，通过文化活动、主题教育月、社团组织等形式，引导学生养成良好的学习态度和生活习惯。

（5）加强师生互动和家校合作。教师作为学生的榜样和引导者，应不断提升自身的专业素养和教育水平，以身作则、言传身教，引导学生在“知行合一”的理念下成长。同时，学校还应积极与家长沟通合作，形成教育共同体，共同关注和培养学生的综合素质。

（二）构建“三维德育管理体系”

在当前中国教育改革与发展的背景下，中职学校应贯彻党的教育方针，积极响应国家提出的“全员育人、全过程育人、全方位育人”的“三全育人”要求，着力构建完整的“三维德育管理体系”。该体系应以提升学生的核心素养为主要目标，通过德育教学、德育管理和学科德育三条线的协同推进，全面促进学生的全面发展和综合素质的提升。

（1）德育教学是“三维德育管理体系”的主要阵地之一。在中职学校中，德育教学通过专门设置的德育课程和全员育人的教育活动，帮助学生树立正确的世界观、人生观和价值观。德育教学队伍在这个过程中起着关键作用，他们不仅传授道德理论知识，而且通过言传身教引导学生树立正确的道德取向，培养学生的科学精神和终身学习的理念。例如，教师通过案例分析、道德讨论、模拟演练等形式，引导学生在实际操作中学会分析问题、判断行为的合理性，从而提升自身的道德思维能力和实际操作能力。

（2）德育管理是“三维德育管理体系”的重要组成部分。中职学校通过团委、学生会等组织开展德育管理，旨在引导学生树立正确的人生观和价值观，培养学生的责任感和理性思维意识。学校可以通过组织学生参与志愿活动、社会实践、文体比赛等方式，培养学生的团队精神和社会责任感，使他们在实践中不断提升自我管理能力和社会适应能力。

（3）学科德育是“三维德育管理体系”的重要渗透点。在各门学科的教学过程中，中职学校应充分挖掘学科的德育资源，如环保教育、爱国主义教育、工匠精神等，通过教学内容的选择和设计，引导学生积极参与社会实践和职业技能培训，提升其职业素养，增强其社会责任感。例如，在技术类专业的教学中，学校可以通过案例教学和实验操作，培养学生的工匠精神和技能创新能力，使其在学习过程中不仅能获得技术知识，而且能树立正确的职业道德和行业精神。

（三）实施学生综合素质评价创新德育管理

在当前中职学校教育管理的新趋势下，为了全面提升学生的综合素质和核心素养，大多数学校引入综合素质评价平台。该平台是学校与企业合作开发的，旨在通过科技手段全面评估和指导学生的成长过程。这个平台不只是评价工具，还是德育管理的重要支撑，涵盖广泛的评价内容和多样化的评价方式，可以有效促进学生德智体美劳全面发展。综合素质评价平台的设计理念是全方位、全流程地考核学生的成长过程。该平台细化了多个方面的评价内容，如思想品行、身心健康、艺术素养、技能培养与竞赛、科技发明创新、活动参与等，通过大数据技术来分析学生的表现情况和成长轨迹。这种全面的评价不仅可以帮助学校了解学生在不同领域的表现，还可以为学生提供全面的成长记录，使学校能够有针对性地开展个性化教育和精准辅导。

综合素质评价平台设立了正向评价和负向评价制度。正向评价通过对学生积极行为的加分来激励学生参与学校管理、志愿活动、班级服务等正面活动，强化学生的社会责任感和集体荣誉感。同时，负向评价对违纪行为进行减分，通过明确的规则和标准来告知学生应避免的不良行为，引导学生养成良好的行为习惯和道德观念。

综合素质评价平台设置了学生行为预警功能，这项功能使学校管理人员能够及时发现和介入可能存在问题的学生，并采取相应的跟踪教育措施。不同权限的学校管理人员对学生行为数据进行监控和分析，可以有效预防和解决学生的潜在问题，促进学生的健康成长和综合素质的全面提升。为了保证评价的公平性，综合素质评价平台考虑了不同年级、不同班级可能存在的评价差异性。

制定公正合理的评价标准和流程，可以确保评价结果的客观性和公正性。这种做法不仅是对学生个体的关注，而且体现了学校对整体教育质量的高度重视和教育管理水平的提升。综合素质评价平台的开放性和透明性为家长提供了一个直观了解孩子学习和成长情况的窗口。家长可以通过平台随时查看孩子的成绩和表现，与孩子进行关于发展方向的探讨或者关于成长的反思，形成家校合作共育的良好局面。

（四）严格预防学生沉迷网络

在信息化社会中，中职学生面临着沉迷网络的风险，这不仅会影响他们的学习和训练，还可能会使其出现严重的心理问题。为了有效管理和引导学生，各地教育部门和学校采取了多种措施，以确保学生能够健康成长并保持良好的学习状态。根据《教育部办公厅关于做好预防中小学生沉迷网络教育引导工作的紧急通知》，各中职学校积极响应，开展了多项针对性很强的管理和教育措施。例如，学校通过召开学生代表座谈会的方式，有效听取学生的意见和建议，了解他们在网络使用方面的真实情况和需求。这种座谈会不仅传递管理政策和规定，而且通过与学生直接沟通，增强他们的主体意识和自我管理能力，让学生意识到沉迷网络的危害及其对学习和生活的负面影响。

学校积极开展智能手机管理调查讨论。智能手机作为学生接触网络的主要工具，其使用情况直接关系到学生的网络健康管理。学校可以通过调查讨论的方式，了解学生使用智能手机的习惯和频率，识别出存在的问题和风险，并制定相应的管理措施和引导方案。例如，限制使用时间、安装家长监控软件、定期进行技术检查等，有效遏制学生过度依赖手机和网络的现象，从而保障他们的学习效率和身心健康。

学校积极开展风清气正的预防中小学生沉迷网络的管理行动。这种行动不仅是单一的管理措施，而且是学校全体师生共同努力的结果。通过在校园中倡导健康积极的生活方式，如开展丰富多彩的文体活动、志愿服务和社团组织等，学校可以营造出良好的学习氛围和社会环境，使学生有更多的选择和机会参与实际、有益的活动，从而减少他们过度沉迷于虚拟世界的可能性。

学校还可以通过举办各种形式的主题活动，如网络安全知识讲座、心理健康辅导和家长沟通会等，增强学生和家长的网络安全意识与管理能力。这些活动不仅是为了传授知识，而且是通过实际案例和互动讨论，帮助学生和家长深刻认识到沉迷网络可能带来的种种负面影响，激发他们主动防范和自我约束的意识。

（五）创新德育活动载体

为了有效引导学生树立正确的价值观和行为准则，中职学校创新了多种德育活动载体，以促进学生的全面发展和成长。例如，学校可以开展评选“最美中职生暨美德少年”活动。这项活动不只是为了表彰优秀学生的杰出表现，而是通过多维度的评选标准，如思想作风、乐于助人、学习情况、校内实践等，全面展现学生的综合素质和美德表现。在活动过程中，学校可以采用同学推选、班级推荐、年段评价、全校测评和网上投票等多种宣传手段，确保评选过程的公平公正，激励更多学生向优秀学生学习，让优秀学生成为校园内的榜样和引领者。又如，可以通过策划和实施“扣好人生第一粒扣子”的成人礼活动，加强家长与孩子之间的沟通和理解。成人礼活动不仅是仪式感的展示，而且是在学校和家庭的共同见证下，引导学生理解和接纳成人责任与义务。通过了解《中华人民共和国宪法》和参与成人宣誓仪式，学生不仅可以感受到法治的重要性，还可以在成人墙上签字合影，这种仪式感和责任感的建立有助于学生树立积极向上的人生态度与社会责任感。

学校可以结合预防电信诈骗等安全教育题材，开展人性识别教育，有助于培养学生的批判质疑精神和理性思维能力。如今，网络安全问题日益突出，学校通过实际案例和互动讨论，可以帮助学生识别各类网络风险，使其学会保护自己的信息安全，提高安全素养，在虚拟空间中健康成长。

中职学校应强化职业技能训练和开展职业素养实践活动。通过参与各类技能竞赛、实习实训和项目驱动的教学，学生可以培养劳动意识、服务意识和问题解决能力。这些活动不仅可以提升学生的专业水平，还可以锻炼他们的团队合作能力和应对挑战的能力，为其将来顺利就业和发展奠定坚实的基础。学校还可以定期举行“逐梦新时代”系列的宿舍文化节，展示和弘扬中职学生的青春活力和团结友爱精神。宿舍文化节不仅可以丰富学生的校园生活，还可以加强学生之间的交流和互动，促进校园文化的繁荣和发展。

（六）开展教师德育能力竞赛活动

在中职学校的发展目标中，实现“争先创优·打造一流”的目标是学校教育工作的重要使命。为了有效推进德育管理和提升教师德育能力，学校可以设计教师德育能力竞赛，通过全面评价教师在学生管理、主题班会开展、安全教育和班级管理等方面的表现，确保教师在教育教学工作中的优质执行和服务质量。

教师德育能力竞赛包括学生管理方面的评价。班主任是学生学习和生活的重要指导者与关怀者，其基本职责包括制订班级工作计划、关爱特异体质学生、进行心理健康教育等。这些职责不仅要求班主任具备深厚的专业知识和丰富的实践经验，还要求他们具备强烈的爱心和责任感，能够关注和照顾每个学生的成长与心理健康。通过评价这些方面，学校能全面了解班主任在学生管理中的实际效果和表现，为其提供必要的指导和支持，以进一步提升服务质量和管理水平。

教师的主题班会开展能力是评价的重点之一。主题班会是学校德育管理的重要组成部分，也是促进学生思想品德和社会实践能力发展的关键平台。教师在主题班会上的教育内容设计、课堂设计以及活动形式的策划与实施，直接影响学生的参与热情和学习效果。评价主题班会开展能力需要综合考虑教师的教育理念、创新能力、组织能力以及对学生个性化需求的理解和应对能力，从而确保班会活动既有深度又有吸引力，能够有效促进学生德育和思想教育的深入开展。

安全教育也是教师德育能力竞赛的重要考核内容。学校为了保障学生的安全和健康成长，要求教师积极开展周末与节假日的安全提醒和教育工作，并在安全教育平台上及时记录和反馈安全教育的完成情况。此外，班级安全教育情况的考核也是评估教师安全教育工作是否到位和有效的重要标准。教师在这方面的表现不仅体现了其对学生生命安全的关注和保护意识，还体现了学校安全管理工作的成效。

教师德育能力竞赛还包括班级管理总结、教育学生典型案例和德育论文等方面的评估。这些内容旨在评价教师在教育教学实践中的创新能力、学术研究水平和德育理论的深度，从而全面提升教师在德育管理中的专业水平和影响力。

二、案例分析：××中职学校“职德楷模计划”

在××中职学校，学校领导和教师团队意识到单纯的知识传授不足以培养学生的综合素质和职业能力，因此制订了“职德楷模计划”。该计划旨在通过德育实践，培养学生的核心素养，包括职业道德、社会责任感、团队合作能力和创新能力。

（一）实施步骤与内容

学校首先要面向全体学生开展“职德楷模计划”的宣传和招募工作。可以通过班级通告、校园广播、宣传海报等形式，向学生介绍该计划的意义、目标及参与方式，鼓励他们自愿申请参与。参与者需要填写申请表格并参与面试。申请表格包括个人基本信息、志愿参与原因，以及个人对职业道德和社会责任的理解与承诺。面试环节通过与申请者的深入交流，评估其是否具备良好的品德操守、领导能力和团队合作精神，从中选拔出适合担任“职德楷模”的学生。随后，选定的“职德楷模”将接受职业道德教育讲座和案例分析的培训。这些讲座和案例分析的培训旨在引导学生深入理解职业道德的核心价值和行为准则，提升他们在面对职业选择和职场挑战时的道德意识与抉择能力。通过实际案例的讨论和分析，学生能更清楚地认识到良好的职业道德对个人和社会的重要性，从而树立正确的职业价值观。

学校可以安排“职德楷模”参与社区志愿活动，如义务扫街、环保宣传等。这些活动不仅是对社会的回馈，还是培养学生社会责任感和公民意识的重要途径。通过亲身参与社区服务，学生能够实践和体验自己的社会角色，理解个人行为与社会利益之间的关系，进而拓宽视野以及培养社会情怀。

学校应定期评估和总结“职德楷模计划”的实施效果，并通过组织反馈会议、听取学生和教师的意见与建议等方式，持续改进和优化计划内容与执行方式。同时，可以通过宣传“职德楷模”在校内外的表现和成就，激励更多的学生积极参与职业道德教育和社会服务，进而推动学校整体教育质量和社会影响力的提升。

（二）成果展示与评估

定期组织“职德楷模”进行成果展示和经验分享，是中职学校德育实践的重要环节。这个过程不仅能展示学生在职业道德教育和社会服务中的成长与贡献，还能为全校师生树立良好的榜样和学习典范。成果展示和经验分享活动通常由学校根据学年计划或特定主题定期组织。学校可以邀请“职德楷模”向全校师生介绍他们参与的德育实践项目及所取得的成果。

活动中的成果展示不局限于口头报告，还可以通过展板、视频、图片等多种形式来展示“职德楷模”在实践中的具体工作和影响。这种多样化的展示形式能生动直观地展示学生的实际工作成果，增强观众的参与感，进而促进全校师生对职业道德教育的深入理解和认同。

学校应设定德育实践成果评估标准，对“职德楷模”的工作进行定期评估和反馈。评估标准可以包括项目完成质量、社会影响力、团队合作能力、个人成长等方面。通过综合考量，学校能够客观地评价每位“职德楷模”的工作表现，发现和肯定他们的优点，同时指出他们需要改进之处和应该注意的问题。评估和反馈过程不仅是对“职德楷模”个人的激励和支持，而且是对整个德育实践活动的质量监控和提升。通过反馈，学校可以了解学生在实践中遇到的挑战和困难，及时调整和优化德育实践计划，增强活动的有效性和实效性。

（三）成效与影响

通过“职德楷模计划”，学校不仅可以有效地培养学生的职业道德意识、社会责任感和团队合作能力，还可以带来广泛的成效和深远的影响。这项计划可以在学生中间推动职业道德意识的树立和提升。通过参与职业道德教育讲座和案例分析，学生能深入了解职业道德的重要性及其在实际工作中的应用。他们学会如何应对职场挑战、如何处理职业伦理问题，可以养成遵纪守法、诚信守约的职业行为习惯。

该计划有助于培养学生的社会责任感。通过参与社区志愿活动，如义务扫街、环保宣传等，学生可以学会关注社会问题、参与社会公益活动，并体验服务社区的乐趣和意义。这不仅可以增强他们的社会责任意识，还可以激发他们为社会贡献力量的愿望和动力。

该计划有助于提升学生的团队合作能力。在参与各类德育实践项目的过程中，学生需要与同伴密切合作，共同完成任务和解决问题。这种团队合作的实践经验不仅可以增强他们的沟通能力和团队意识，还可以培养他们解决实际问题的能力和协作精神。

该计划可以活跃学校的校园文化气氛，增强师生的凝聚力和归属感。通过“职德楷模”的成果展示和经验分享，全校师生能够看到优秀学生的榜样，这不仅可以激励其他学生的学习热情和积极性，还可以提升整个学校的精神面貌和教育品质。

该计划还可以促使教师在德育实践和核心素养培养方面的教育方法得到创新与完善，提升教师的教育能力和综合素质。教师在指导“职德楷模”的过程中，不仅可以强化对学生个体发展需求的理解和把握，还可以深化对德育工作的重视和思考，进而在教育实践中积累丰富的经验和教训。

第四节　核心素养视角下中职学生创新教育水平的提升

一、通过课堂教学的延伸，强化学生的社会参与意识

中职教育的专业教学不仅要基于学科的专业发展，而且要结合社会需求，通过各种实践活动（如公益服务或第二课堂）确保学生能真正将所学的知识应用到实践中，并培养其社会参与意识和实践能力。将理论知识与实践相结合是中职教育的重要使命。学生在课堂上学到的理论知识，如果不能与实际工作场景相结合，就很难发挥出真正的价值。因此，教师在教学中应注重案例分析、实验操作等实践环节，让学生通过实际操作来加强对理论知识的理解和掌握。例如，中职学校电子专业的学生可以通过实验室实践，学习电子元器件的识别和使用，从而提升其动手能力和实际操作技能。结合社会需求开展各种活动是中职教育的有效途径。例如，学校可以组织学生参加技能大赛、工业实习或者社区服务活动。这些活动不仅能让学生将学到的知识运用到实践中，还能锻炼学生的团队合作意识和问题解决能力。

延伸课堂教学的形式可以增加学生与社会接触和互动的机会。除正式的课堂教学外，学校还可以开设第二课堂或举办专业讲座，邀请行业专家分享最新的技术发展和应用案例。这些活动不仅能拓宽学生的视野，还能激发学生的学习兴趣和创新思维，使其在学习过程中保持持久的学习动力和求知欲。通过实践活动培养学生的社会责任感和实践运用能力是中职教育的重要目标之一。学生通过参与

公益服务或技能竞赛等活动，不仅可以提高技术操作和解决问题的能力，还可以培养团队合作精神和社会责任感。这些素养对学生未来的职业发展和社会角色扮演非常重要，使他们在面对挑战时能更加自信和果断地应对各种复杂情况。

二、通过教育教学的引导与鼓励，激发学生的创新精神

教师在创新教学引导过程中应高度重视科学精神的培养，激励学生探索未知真理、质疑和完善已有事物，以培养他们对知识持续追求的科学创新精神。这种精神不仅是培养现代社会所需人才的基础，还能帮助学生在信息化环境和个人成长背景的双重影响下，发掘和开发自身潜力与创意。教师在电子技术等专业课程的教学中，应善于观察和发现学生的创意。例如，学生可能会自主制作可调稳压电源并将其与万用表电压档位连接，以便更便捷地调节电压。对于这样的创意，教师首先应予以肯定和鼓励，这不仅可以让学生体验到成功的喜悦，还可以鼓励他们继续探索和尝试。

教师应在肯定的基础上，与学生一起探讨如何进一步优化和完善创意。例如，教师可以指导学生思考如何将这种自制电源更有效地整合进万用表，或者提出更多应用场景和改进建议。这种合作与指导不仅可以帮助学生提升技术能力，还可以培养他们解决问题和改进方案的能力。同时，教师还应通过实际案例和教学实验，引导学生理解创新科学精神的重要性。可以通过展示科学史上的重大发现、技术革新及现代工程实践，激发学生对科学探索的兴趣和热情。教师可以通过这些案例向学生展示，创新不仅是技术发展的驱动力，而且是解决社会问题和改善生活的关键途径。中职教师还需要关注学生创新学习能力的全面发展。除了技术和工程能力的培养，教师还应注重学生的沟通能力、团队合作能力和问题解决能力。这些能力不仅在学生的学术发展中非常重要，还可以为他们未来进入职场做好充分的准备。

第七章　核心素养视角下的中职学生创新能力培养评价

第一节　核心素养与创新能力培养评价体系的构建

在当今快速发展的社会背景下，职业教育的重要性日益凸显，而其中核心素养与创新能力的培养更是成为教育改革的重中之重。随着科技的发展和全球化进程的加快，社会对职业人才的要求逐渐从单一的专业技能转向全面提升的综合素质。因此，如何构建科学合理的核心素养与创新能力培养评价体系，成为职业教育领域亟待解决的重要问题。

核心素养不仅涵盖知识与技能的掌握，还涉及学生的思维方式、问题解决能力、团队合作精神及道德价值观等方面。这些素养的培养不仅有助于学生在学术上取得成功，而且可以为其未来职业的长远发展奠定坚实的基础。创新能力作为核心素养的重要组成部分，要求学生能够在复杂多变的环境中灵活应用所学知识，提出创造性的解决方案，并通过持续的学习和实践，不断推动自我和社会的进步。

构建核心素养与创新能力培养评价体系，既是对学生学习成果的衡量，也是对教育教学质量的全面评估。该评价体系的建立，需要结合职业教育的特点，明确评价目标，选择合适的评价方法，设计科学的评价指标体系，并有效实施和反馈。通过这个体系，教师能够更准确地了解学生的学习情况，及时调整教学策略，帮助学生更好地培养其核心素养与创新能力。

一、中职学生核心素养评价体系的构建

（一）新兴技术的构建

1. 数据驱动的评价

在传统的教育评价体系中，教师往往依赖期中、期末考试等较为单一的手段来评估学生的学习效果，这种方式在很大程度上忽略了学生在学习过程中的多样

性和个体差异。而数据驱动的评价方式通过大数据技术，能对学生的学习行为和项目表现进行全面分析，从而提供更加客观、准确的评价结果。

具体而言，学习管理系统作为中职教育中应用非常广泛的工具，能够详细记录学生的在线学习行为，如学习时间、任务完成情况、测试成绩、讨论参与度等。通过对这些数据进行系统的分析，教师可以全面了解学生的学习习惯、知识掌握程度及学习进度。例如，如果某个学生在完成项目任务时表现出较高的效率，同时在线测试成绩优异，则说明其在时间管理和知识应用方面具有较好的核心素养；反之，如果学生学习时间较短、任务完成不佳，则说明其可能需要教师给予更多的指导和支持。

利用大数据技术还可以构建学生核心素养的长周期追踪和评估体系。分析学生在不同学习阶段的累积数据，可以发现其核心素养的动态变化，及时捕捉学生在成长过程中存在的问题和优势，进而调整教学策略，实现教学的精准干预。这种基于数据的评价方式，不仅可以增强教育评价的客观性和全面性，还可以为教师提供科学的决策依据。

2．智能化工具的应用

除了大数据驱动的评价，人工智能技术的应用也为中职学生核心素养评价体系的构建注入新的活力。人工智能技术通过自适应学习和个性化推荐系统，可以为不同水平的学生提供量身定制的评价内容，这大大提升了评价的精准度和有效性。

自适应测试是人工智能技术在教育评价中的重要应用之一。传统的标准化测试往往难以兼顾不同学生的个体差异，因此一些学生在面对统一难度的试题时会表现出不适应。自适应测试能够根据学生的实时答题表现，动态调整试题的难度和类型，使每个学生都能在最合适的难度区间内进行测试。这不仅可以有效避免考试的“一刀切”问题，还可以更精准地测评学生的实际水平，进而为后续的教学提供个性化的建议。

人工智能技术还可以通过智能化评估工具，分析学生在项目实践中的表现。例如，利用图像识别、自然语言处理等技术，智能系统可以对学生的实操视频、演讲报告等进行自动评分，并结合大数据技术分析学生的综合表现，生成个性化的素养评价报告。这些智能化工具不仅可以减轻教师的评价负担，还可以使评价过程更加高效和公正。

（二）评价原则的构建

1．评价目标明确

第一，评价学生的职业素养，包括职业道德、责任感和社会适应能力。第二，重点评估学生的专业知识、技能掌握程度和实际操作能力。第三，关注学生在职业技能中的创新思维、解决问题的能力和适应新技术的能力。第四，评估学生的自主学习能力和持续发展能力。

2. 评价内容多维化

第一，通过考试、测试等方式来评估学生对职业技能相关理论知识的理解和掌握。第二，通过实训项目、操作考试等实际操作情境来评价学生的技能应用能力。第三，在项目实践中，通过观察、记录和项目成果来评估学生的综合能力与职业技能表现。第四，通过学生在项目中的表现，尤其是在面对复杂问题时的反应和解决策略，来评估他们的创新能力。第五，通过学生在实习或实训中的表现，来评估他们的职业道德、工作态度和责任感。

3. 评价方法多样化

第一，采用定量方法（如测试分数、操作评分等）评估学生的技能水平，同时结合定性评价（如观察记录、评语、面试等）全面了解学生的表现。第二，关注学生的学习和实践过程，不仅要看结果，还要通过持续的过程性评价反映学生的进步和发展。第三，引导学生进行自我评价，促进自我反思，同时通过同伴互评，帮助学生从不同角度理解和改进自己的职业技能。第四，结合教师的专业评价和企业导师或用人单位的反馈，全面评估学生的职业技能和实际工作能力。第五，评价标准应与行业、职业标准对接，以确保学生的技能水平符合职业要求。第六，根据学生的学习特点和职业发展方向，提供个性化的评价标准，注重评价的公平性和针对性。第七，评价标准应根据行业发展、技术发展和教育改革进行动态调整，保持与时俱进。

评价结果应为学生提供及时的反馈，帮助他们了解自己的优势和不足之处，明确改进方向。评价结果应为教师改进教学提供依据，优化教学内容和方法，增强教学效果。教师可以根据评价结果，为学生提供职业发展规划和指导，帮助他们明确职业目标和发展路径。构建科学、全面、多维的核心素养评价体系，可以有效促进中职学生职业技能的发展，帮助他们更好地适应未来的职业需求。

（三）设定评价标准

1. 学术能力

学术能力是学生在学术环境中展示的综合素养，包括学科基础知识、学习能力、科研能力等。这些能力不仅会影响学生在校期间的学业成绩，还关系到他们未来的职业发展和终身学习能力。对于中职学生来说，学术能力的培养尤为重要，因为它是学生走向社会、适应职业发展的关键。

标准化测试是评估学生学科基础知识的重要工具。标准化测试包括期中考试、期末考试和各类学科竞赛等。这些测试能客观地反映学生对学科知识的掌握情况。在中职教育中，标准化测试应注重测试内容的广泛性和科学性，确保能够全面评估学生的知识水平。例如，在设计数学考试题目时，应涵盖基础运算、应用题、逻辑推理等多个方面，以全面评估学生的数学能力。在评价体系中应设立标准化测试成绩的相关指标，如各门学科的考试成绩、学科竞赛的获奖情况等，从而全面评估学生的学科基础知识。

学术项目报告是评估学生学习能力和科研能力的重要方式。学术项目报告包括学生在学术研究中的表现、项目设计与实施能力、研究成果的展示与交流等。在中职教育中，教师应鼓励学生参与各类学术项目，培养他们的研究能力和创新精神。例如，通过课题研究、小组项目、实验报告等形式，学生可以在实践中锻炼和提升自己的学术能力。在评价体系中应设置学术项目报告的相关指标，如项目设计的科学性、研究过程的严谨性、成果展示的效果等，从而全面评估学生的学习能力和科研能力。

学业成绩是学生学术能力的直接反映。学业成绩包括在日常作业、课堂互动、期中考试、期末考试等多方面的表现。在中职教育中，学业成绩应综合反映学生的学习态度、学习能力和学科知识掌握情况。例如，可以通过平时作业的完成情况、课堂讨论的参与度、期末考试的成绩等，全面评估学生的学业表现。在评价体系中应设置学业成绩的相关指标，如各门学科成绩的平均分、进步幅度等，从而全面评估学生的学术能力。

构建中职学生核心素养评价体系，应全面考虑学术能力的各个方面。首先，评价指标应包含多个维度，涵盖标准化测试、学术项目报告评估、学业成绩等方面。其次，评价方式应多样化，不仅要包括传统的笔试，还应结合实践表现、项目成果、课堂参与等多种形式，全面评估学生的学术能力。最后，评价结果应及时反馈给学生，帮助他们认识自身的优点和不足之处，指导他们进行改进和提升。

2．职业技能

实际操作是评估学生职业技能的重要方式。实际操作评估包括学生在实验室、工作坊、实训基地等环境中的实际操作表现。这种评估方式能够直观地反映学生对专业技能的掌握程度和应用能力。例如，机械类专业，可以通过评估学生操作机床、组装设备的能力来评估其职业技能；烹饪类专业，可以通过评估学生制作菜品、掌握烹饪技法的能力来评估其职业技能。在实际操作评估中，教师应设计科学合理的操作任务，以确保评估过程的公平和准确。在评价体系中应设置实际操作能力的相关指标，如操作的熟练程度、工作流程的规范性、操作结果的质量等，从而全面评估学生的职业技能。

技能竞赛成绩是评估学生职业技能的重要参考。技能竞赛包括各类校内外技能大赛、行业比赛等。这些竞赛可以激发学生的学习兴趣和竞争意识，同时可以为学生提供展示技能水平的平台。例如，参加全国职业院校技能大赛，不仅能积累学生的实战经验，还能让他们了解行业前沿技术和标准。在评价体系中应设置技能竞赛成绩的相关指标，如参赛情况、获奖情况等，从而全面评估学生的职业技能水平。

实习评估是评估学生职业技能的重要环节。实习评估包括学生在实际工作环境中的表现。可以通过实习评估，了解学生在真实职业环境中的适应能力、工作态度、专业技能应用能力等。例如，在护理专业的实习评估中，可以通过患者护理记录、与医护团队的协作表现等，评估学生的护理技能和职业素养。在评价体系中应设置实习评估的相关指标，如实习单位的评价、实习报告的质量、实习期间的表现等，从而全面评估学生的职业技能应用能力。

二、中职学生创新能力评价体系的构建原则

（一）指标选取原则

1．全面性和多维度

思维能力是创新的基础。评价学生的思维能力应包括以下几个方面：逻辑思维能力、创造性思维能力及批判性思维能力。逻辑思维能力体现了学生在分析问题时的条理性和系统性；创造性思维能力反映了学生在面对新问题时能否提出独特且有效的解决方案；批判性思维能力评估学生能否对已有观点进行深入分析和评价。可以通过案例分析、小组讨论和创新项目设计等多种形式进行评价。

实践能力是创新能力的重要表现之一。实践能力评价主要是对学生的实验操作能力、技术应用能力和创新实践能力进行评估。实验操作能力可以通过实验课程的设计和操作考核来评估；技术应用能力可以通过学生在实际工作中的表现以及对新技术的掌握程度来评估；创新实践能力则可以通过学生参与创新项目或竞赛的成果来体现。在评价过程中，应注重学生在真实情境中的表现，确保评价的真实性和可靠性。

问题解决能力也是创新能力的重要组成部分。评价学生的问题解决能力，可

以通过设置复杂情境或实际问题，观察学生提出解决方案的过程及效果来进行。问题解决能力的评价重点评估学生的分析能力、决策能力和执行能力。可以通过实践中的问题解决情况，全面评估学生在面对实际挑战时的表现。

自主学习能力是学生创新能力提升的重要保障。评价学生的自主学习能力，主要看其是否具有主动获取知识和技能的能力，能否制订学习计划并有效执行。评价方式可以通过学生的学习日志、课外阅读报告及自学项目的完成情况来进行。

创新成果展示是对学生创新能力的综合考查。可以通过学生创新作品、项目报告、专利申请及参加创新竞赛的成绩等多方面的展示，全面评价学生的创新成果。展示形式应多样化，包括现场演示、作品展示、答辩评审等，以全面反映学生的创新能力和成果。

2．可量化和可操作性

思维能力的评价应包括逻辑思维能力、创造性思维能力和批判性思维能力三大方面。每个方面都需要制定明确的量化方法。例如，逻辑思维能力可以通过设计复杂问题解决任务，评估学生在分析问题和提出解决方案过程中的条理性与系统性；评分标准可包括分析问题的步骤（0～5分）、解决方案的合理性（0～5分）等。创造性思维能力可根据学生在创新项目中的独特性和有效性来评分，如独特性（0～5分）、实际应用价值（0～5分）。批判性思维能力可以通过学生对案例的分析和评价来量化，评分标准包括对问题的深度理解（0～5分）、论点的支持证据（0～5分）等。

实践能力的评价应重点考查实验操作能力、技术应用能力和创新实践能力。实验操作能力可以通过学生在实验课程中的具体表现来评分，评分标准包括实验步骤的准确性（0～5分）、实验结果的可靠性（0～5分）等。技术应用能力可以通过项目展示，评估学生对新技术的掌握程度和应用效果，评分标准包括技术应用的创新性（0～5分）、应用效果（0～5分）等。创新实践能力可以通过学生参与的实际项目或竞赛成绩来量化，评分标准包括项目完成度（0～5分）、项目成果的创新性（0～5分）等。

问题解决能力的评价可以通过设置复杂情境或实际问题，让学生提出解决方案并实施，评分标准包括方案的可行性（0～5分）、实施效果（0～5分）、解决问题的效率（0～5分）等。

自主学习能力的评价主要考查学生是否具备主动获取知识和技能的能力，具体的量化方法为通过学生的学习日志、课外阅读报告和自学项目的完成情况来评分，评分标准包括学习计划的制订（0～5分）、学习目标的完成度（0～5分）、学习方法的多样性（0～5分）等。

创新成果展示是对学生创新能力的综合评估，可以通过学生的创新作品、项目报告、专利申请和参加创新竞赛的成绩等方面进行量化评价，评分标准包括作品的独特性（0～5分）、实际应用价值（0～5分）、展示效果（0～5分）等。

3. 适应性和灵活性

适应性要求创新能力评价体系能够灵活应对不同教育背景下学生的特点和实际情况。中职教育注重实践应用，因此评价指标应重点关注学生在实际工作和项目中的表现。例如，在评估实践能力时，可以结合具体的职业技能要求和行业标准，制定相应的评分标准，确保评价与职业实际需求紧密对接。

灵活性意味着评价体系应具备调整和扩展的能力，以适应不同学科领域的特殊需求和发展趋势。不同学科强调的创新能力维度和评价方法可能有所不同。例如，技术类学科可能更注重学生的技术创新和应用能力，艺术类学科可能更关注学生的创意表达和作品表现能力。因此，评价指标应根据学科特点和课程目标进行调整，以确保评价的全面性和针对性。

适应性和灵活性还体现在评价方法的多样化与定制化上。评价可以通过实地观察、作品展示、案例分析、口头答辩等多种形式进行，以充分展现学生的创新能力。例如，针对不同的创新项目，可以选择合适的评价方式，如技术类项目可以通过实验报告和设备操作来评估，艺术类项目可以通过作品展示和艺术演绎来评估。此外，评价体系的灵活性还体现在评分标准的动态调整和更新方面。随着社会和行业的不断发展，创新能力的要求也在不断变化，评价标准需要及时调整以适应新的需求和挑战。定期的评估和反馈机制可以帮助评价体系保持与时俱进，确保评价结果具有参考和指导意义。

（二）核心指标确定原则

1. 问题识别与定义能力

问题识别能力要求学生能够准确把握现实生活中的问题和挑战。评价体系可以通过观察学生在实际情境中对问题的敏感性和反应能力来评估。例如，通过案例分析或实地考察，可以观察学生是否能够从日常生活、职业实践或学科学习中识别出潜在的问题或改进点。评分标准可以包括问题定位的准确性（0～5分）、对问题影响范围的理解（0～5分）等，以反映学生的识别能力和分析深度。

问题定义能力要求学生能够清晰且明确地描述问题的本质和关键点。评价体系可以通过学生提出的问题定义或项目目标来评估。例如，评估学生在团队讨论或个人作业中是否能够清晰地定义问题，是否能够有效区分主次问题。评分标准可以包括问题定义的清晰度（0~5分）、问题描述的全面性（0~5分）等，以确保评价的客观性和准确性。

在评价体系的设计中，可以采用多种方法全面评估学生的问题识别与定义能力。例如，结合实际案例让学生分析和提出解决方案，或者通过小组讨论和角色扮演让学生模拟问题识别和定义的过程。这些方法不仅能帮助学生在实践中提升能力，还能为评价者提供多样化的评估数据。此外，评价体系的灵活性要求能够根据不同学科和专业的特点进行调整与扩展。例如，在技术类学科中，问题识别可能会更注重工程实践中的难点和风险点；在艺术类学科中，问题定义可能会更关注作品创作中的主题表现和审美取向。

2. 创意产生和评估能力

创意产生能力要求学生能够在解决问题或开展项目时，提出新的、独特的创意。评价体系可以根据学生在创意生成过程中的创新性和原创性来构建。例如，可以通过创意工作坊、头脑风暴或设计竞赛等活动，观察学生能否提出具有前瞻性和实用性的创意。评分标准可以包括创意的独特性（0~5分）、创意与问题解决方案的契合度（0~5分）等，以反映学生的创意生成能力和创新潜力。

创意评估能力要求学生能够理性分析和评估创意的实施可行性。评价体系可以通过学生提出的创意方案或初步设计来评估。例如，评估学生是否考虑到项目资源、技术条件、市场需求等方面的限制和挑战，并且能够提出相应的解决方案。评分标准可以包括创意的实施可行性（0~5分）、创意在现有技术和资源条件下的适应性（0~5分）等，以确保评价的全面性和客观性。

在评价体系的设计中，可以采用多种方法来促进学生的创意产生和评估能力的发展。例如，教师可以引导学生参与跨学科的创新项目或实验，让他们在团队合作中提出和完善创意，并通过模拟市场调研、资源调配和成本效益分析等活动，帮助他们全面理解创意的实施要求和挑战。在技术类学科中，创意评估可能会更侧重技术可行性和安全性；在商业类学科中，创意评估可能会更关注市场竞争力和商业模式的创新性。因此，评价标准和方法应根据具体学科与课程特点进行精细化设计，以确保评价的有效性和适用性。

第二节 中职学生创新能力培养的评价方法与指标选择

一、中职学生创新能力培养的评价方法

从术语本身的定义来看，“创新”和“创造”在重点和含义上确实存在一些微妙的差异。一般来说，“创新”强调对理论、方法、思维方式或事物的革新和改进，旨在通过新的组合或应用提出更有效或更有价值的解决方案。这种过程不一定要求全新的发明或物品，而是更多地关注对现有资源和知识的重新组合或再利用。相比之下，“创造”更强调从无到有的创造性行为，通常涉及制造出全新的物品、艺术作品或概念。创造力不仅强调独创性和创意的表达，还强调新颖性和独特性。

在基础教育阶段，特别是对学生的培养而言，创造力往往是一个主要目标。在这个阶段，教育更多地关注激发和培养学生的创意想法与表达能力。学校和教育机构致力通过创意教育和艺术活动，帮助学生发展他们独特的视角和表达方式。教师应将重点放在培养学生的想象力、探索精神和独立思考能力上，因为这些都是创造力的重要组成部分。教育的目标是激发学生的创意潜力，让他们能够在各个领域展现出独特且新颖的成果。

中职教育阶段，创新能力成为更关键的培养目标。随着学生专业知识的深入和专业能力的提升，中职教育更注重培养学生的创新思维和创新能力。这种能力包括对现有知识和技术进行创新应用、提出新的研究问题、设计新的解决方案，并最终取得创新成果。在这个阶段，学生不仅需要具备创意思维，还需要将创意付诸实践，并确保成果的可行性和有效性。因此，创新能力更强调成果的实际应用和市场价值，以及其在学术研究和产业发展中的影响力。

二、中职学生创新能力培养的指标选择

在评价创新能力时，必须根据教育的实际需求来确定合适的评估框架和参照标准。全球普遍采用的核心素养理念提供了一个有价值的比较参照点，它们不仅反映了当代社会对个体综合能力的期望，而且能与创新能力的评估建立联系。然而，单一视角的素养体系可能无法完全涵盖创新能力评价的多样性和复杂性，因此需要结合具体的创新能力研究来进行比较和分析。

例如，“21 世纪核心素养 5C 模型”中的创新素养包括创新人格、创新思维

和创新实践三大要素，共涵盖 14 个行为表现指标。然而，在这些指标中，创新人格包括 7 个，导致指标分布不均衡，这可能会影响对创新能力的全面评估。相比之下，《中国学生发展核心素养》更强调人才培养的必备品格和关键能力，包括文化基础、自主发展和社会参与等方面。其中，科学精神、学会学习和实践创新这三大素养与创新能力密切相关，具有较好的包容性和指标分布均衡性。

选择《中国学生发展核心素养》中的科学精神、学会学习和实践创新三大素养作为分析框架的理由在于，它们的评价指标更加细化和具体。这些指标可以帮助学生更客观、更准确地评估现有的创新能力评价研究的侧重点和局限性。将各篇文献构建的评价体系与具体指标进行比较，可以量化分析每篇文献在创新能力不同维度上的覆盖程度和贡献。然而，即使采用了较为具体的评价框架，也需要注意到不同研究可能存在的观测点数量不足或内容涵盖过于宽泛的问题。特别是在创新思维和创新实践两大维度中，可能存在较多指标被所有文献覆盖的情况，这会降低评价体系的区分度和准确性。创新能力评价分析框架如表 7-1 所示。

表 7-1　创新能力评价分析框架

核心素养	基本要点	评价指标
科学精神	理性思维	崇尚真知，能理解和掌握基本的科学原理和方法
		尊重事实和证据，有实证意识和严谨的求知态度
		逻辑清晰，能运用科学的思维方式认识事物、解决问题、指导行为
	批判质疑	具有问题意识
		能独立思考、独立判断
		思维缜密，能多角度、辩证地分析问题，做出选择和决定
	勇于探究	具有好奇心和想象力
		不畏困难，有坚持不懈的探索精神
		敢于大胆尝试，积极寻求有效的问题解决方法

续表

核心素养	基本要点	评价指标
学会学习	勤于反思	具有对自己的学习状态进行审视的意识和习惯，善于总结经验
		能根据不同情境和自身实际选择或调整学习策略与方法
	信息意识	能自觉、有效地获取、评估、鉴别和使用信息
		具有数字化生存能力，能主动适应“互联网+”等社会信息化发展趋势
		具有网络伦理道德与信息安全意识
实践创新	劳动意识	尊重劳动，具有积极的劳动态度和良好的劳动习惯
		具有动手操作能力，掌握一定的劳动技能
		在主动参加的家务劳动、生产劳动、公益活动和社会实践中，具有改进和创新劳动方式、提高劳动效率的意识
		具有通过诚实合法的劳动创造成功生活的意识和行动
	问题解决	善于发现和提出问题，有解决问题的兴趣和热情
		能依据特定情景和具体条件制订合理的解决方案
		具有在复杂环境中行动的能力
	技术应用	能理解技术与人类文明的有机联系，具有学习并掌握技术的兴趣和意愿
		具有工程思维，能将创意和方案转化为有形物品或对已有物品进行改进与优化

在研究创新能力评价的过程中，笔者发现有很多论文涵盖了所有的评价指标，这反映了学术界对创新能力多维度的关注和研究。

本节采用的筛选标准如下：如果某个评价指标被超过10篇论文所涵盖，那么认为这是研究者较为关注的指标。这种方法有助于确定创新能力评价研究中的核心指标，进而深入分析这些指标在各篇文献中的具体运用和评估方式。对于这些核心评价指标，本节结合框架的具体描述和研究者对该指标的施测角度进行深入分析。这种分析有助于提炼出创新能力评价的关键要素，理解每个指标在评估过程中的作用和意义。例如，如果一个指标涉及的论文数量较多，则说明它在不同的研究背景和方法论中都具有重要地位，可能涵盖创新能力评价的多个维度和多个层面。对每个核心评价指标的施测角度进行详细分析，可以揭示出不同研究者对同一指标的理解和运用差异，这有助于建立更加全面和准确的创新能力评价体系。这种方法不仅有助于了解创新能力评价研究的现状和趋势，还可以为未来的相关研究提供有价值的参考和指导。

（一）创新人格：关注好奇心和想象力

在研究创新能力评价的过程中，好奇心和想象力作为关键指标受到了广泛的关注与探讨。其中有 16 项研究（约占总数的 76%）涉及对好奇心和想象力的考查，这凸显了学术界对这两个因素在创新能力形成中的重要性的一致认同。赵吴昱等人将能够提出标新立异的想法、思维活跃和强烈的好奇心作为创新心理素质的核心指标。他们认为，好奇心不仅是一种个性品质，而且是激发创新能力的内在动力之一。有研究指出，具备旺盛的求知欲和强烈的好奇心的个体更容易在创新任务中表现出色，这种心理特质为其创造性成就提供了重要的支持。陆静丹等人通过测量无意和有意想象力来探讨大学生的创新能力。他们认为想象力不仅是解释创新能力的潜在变量，还是促使新思路和新理念产生的关键因素之一。想象力的发展和运用能够帮助个体在面对复杂问题时提出新的解决方案，从而推动创新的发生和发展。好奇心和想象力作为创新人格的组成部分，具有一种固有的稳定性和预测创造性成就的作用。它们不仅是创新能力评价中的重要指标，而且是支撑学生创新行为和创新成就的重要基石。这些心理素质不仅会影响个体对问题的认知和解决方式，还会直接影响其创新成果的质量和独特性。

（二）创新思维：关注发散思维和逻辑

发散思维在评价创新能力中扮演着不可或缺的角色，这一点在很多涉及该主题的论文中得到了广泛认同与深入探讨。发散思维强调多角度思考，是创新能力评价中必不可少的重要指标。张瑞林等人的研究将发散思维分为直觉思维和求异思维两个指标。直觉思维强调的是凭借直觉和第六感来解决问题，而求异思维则侧重寻找不同于传统思维方式的新颖观点和解决方案。这两者共同构成发散思维的核心特质，能够帮助个体突破常规，从而产生创新性的想法和解决方案。刘甜甜等人将发散思维进一步细化为立体思维、平面思维、侧向思维、横向思维、多路思维等多个具体指标。这些细化的指标反映了发散思维在不同维度上的运用和表现，强调其在创造性思维中的多样性和丰富性。在历史上，早期的创造力研究几乎等同于发散思维的测量。托兰斯创造性思维测验是其中最具代表性的测量工具之一。这种工具通过开放性问题和尽可能独特的答案来评估个体的发散思维能力。设计这种测验旨在激发被试者展示其创造性的潜力，强调发散思维追求不走寻常路的新颖想法，这正是创造性思维的核心特征之一。现在，发散思维仍然被视为创新能力评价中非常重要的一部分。在面对复杂和不确定的挑战时，具备发散思维能力的个体能更好地适应变化和提出创新性解决方案。因此，在教育和培训的过程中，应当重视发散思维的培养，通过各种学习和训练方法，帮助学生充分挖掘其在多样化思维方式和创新能力上的潜力。

在评价创新能力时，强调新颖性的同时必须兼顾其适宜性。创造性思维要求产生独特和新颖的想法，更重要的是这些想法必须具有实用性和逻辑性，能够在现实生活或工作中得以应用。因此，一个想法如果只是独特但缺乏合理的逻辑支持，就不能被称为真正的创造性想法。逻辑思维在这个过程中起关键作用，可以确保创造性思维的适宜性和可行性。在创新能力评价中，逻辑思维被视为保证创造性想法最终实现的关键因素之一。例如，李艳坡等人通过考查学生的逻辑推理能力、归纳总结能力和逆向思维能力，深入探讨逻辑思维在创新能力中的作用。同样，刘甜甜等人将逻辑思维细分为概念思维、系统思维、因果思维和筛选思维，进一步强调了逻辑思维在筛选和聚合创新性想法中的重要性。

发散思维和逻辑思维可以被视为创新思维能力评价的两个核心指标。发散思维推崇出奇制胜、不拘一格的想法，偏爱新颖古怪的创意；而逻辑思维则侧重筛选和保留那些具有实际可行性的创造性想法。在这个过程中，创造性思维可以被分为两个步骤：一是尽情发散地产生各种可能的想法；二是通过逻辑思维的筛选和整合，最终确定最具创新性和实用性的解决方案。尽管创造性思维在创新能力评价中极其重要，但过度依赖也可能会导致评价的偏颇。因此，在设计创新能力评价体系时，必须平衡发散思维和逻辑思维的权重，同时考虑其他因素，如学生的理论知识和操作技能等，以全面评估其创新潜能和实际能力。例如，吕科建等人在其评价体系中赋予发散思维和逻辑思维超过 0.5 的权重，这种权衡反映了对创新能力多维度评价的重视。

整体而言，创造性思维在评价中被分为两部分：发散思维和逻辑思维。这两者各自扮演着促进创新能力的重要角色，彼此互为补充，共同构成创新思维能力评价的核心指标。

（三）创新学习：关注自主学习

创新学习作为评价创新能力的重要维度，涵盖从知识基础到学习能力再到学业水平的多个方面。这些方面的评价指标反映了对学生在不同学习阶段和层面展现创新潜力的关注与探索。

知识基础作为创新学习的起点，被视为提升创新能力的基础和必要条件。研究者普遍认为，丰富的基础知识、专业知识及跨学科知识是培养学生创新能力的基石。例如，基础知识不仅可以帮助学生理解问题的本质，还可以为他们提供解决问题的基本工具和方法；专业知识的掌握使学生能够在特定领域深入探索和创新；跨学科知识的获取有助于学生在不同学科之间进行知识融合和跨界创新，进一步拓展创新的可能性。

学习能力被视为创新能力提升的关键过程。学习能力的评价指标涵盖多方面的能力，如发现问题能力、知识获取与更新能力、信息综合能力等。这些能力不仅强调学生在面对复杂问题时的反应速度和灵活性，还突出他们在获取新知识和将知识应用到实际问题中的能力。例如，刘雷等人的研究强调了文化传承水平、知识的灵活运用和自主兴趣培养，这些都是培养学生创新思维和实践能力的重要路径。

学业水平作为创新学习评价的一部分，直接关注学生在学业上的表现和成就。这些评价指标包括奖学金的获取情况、学习成绩、图书借阅情况等客观数据。通过这些数据，评估者可以更全面地了解学生在专业领域学习的投入与表现，从而推断他们的学习积极性和成就感对创新能力的影响。例如，杨蕙馨的研究通过专业课程成绩来评估研究生的学术水平与创新能力的关系，凸显了学业水平在创新学习评价中的重要性。

第三节　核心素养视角下的创新能力培养效果评估与反思

一、核心素养视角下的创新能力培养效果评估

（一）创新项目成果

在评估学生参与电子商务创新项目的具体成果时，需要关注几个关键方面：项目的创新性、市场适应性，以及实施过程中的团队协作和领导能力。特别是在

中职教育中，培养学生的创新能力至关重要，这不仅是技术能力的提升，而且是对其综合素质的培养和考验。电子商务创新项目的创新性是评估的核心之一。学生设计开发的新功能、新产品或新服务必须具备一定的创新点，如在解决现有市场痛点、提升用户体验或创造全新商业模式方面有所突破。在评估创新性时，要考查学生是否能够从理论知识中提炼出创意，如何利用新技术和新平台进行创新实践，以及他们在项目中展示的独立思考和解决问题的能力。

市场适应性是另一个重要的评估维度。学生设计的功能、产品或服务是否符合当前市场需求？他们是否能够准确把握目标用户群体的特点和需求，并据此调整和优化项目方案？这部分的评估需要考查学生对市场进行调研和分析的能力，以及在实际落地过程中他们是否能够灵活应对市场变化和用户反馈。

团队协作和领导能力也是评估学生参与创新项目成果的重要指标。在实施过程中，学生是否能够有效地与团队成员合作？分工是否明确？任务分配是否合理？他们是否能够在团队中发挥领导作用，协调资源、解决冲突，并推动项目向前发展？在评估这部分时，需要重点关注学生的沟通能力、团队合作能力及问题解决能力。

（二）市场营销策略和效果

在中职教育中，培养学生的市场营销能力不仅涉及理论知识的传授，而且强调他们在实际操作中的创新和执行能力。评估市场营销策略的有效性需要依托充分的市场调研数据。学生在项目中是否能够有效地进行市场分析，了解目标市场的特征、竞争态势和消费者需求？他们的市场定位是否准确？产品或服务的定价策略是否合理？在评估这些方面时，需要重点关注学生对市场营销理论的理解程度以及将理论知识转化为实际操作的能力。

要根据用户反馈和销售数据等指标来评估市场营销策略的实施效果。学生设计的策略是否能够有效吸引目标用户群体？用户在体验产品或服务后的反馈如何？他们是否认可产品的优势和创新点？销售数据是否能达到预期的市场份额和销售目标？这些数据不仅能反映策略的执行效果，还能揭示学生在项目中所展现的分析能力、判断力和实际操作能力。

除了量化指标，还需要考虑策略的创新性和影响力。学生的市场营销策略是否与传统做法有所区别？是否能够在竞争激烈的市场环境中脱颖而出？他们的策略是否能够引起行业内外的关注和讨论？在评估创新性和影响力时，需要综合考量学生在市场营销过程中展现的创意思维和推动力。

市场营销策略的评估不仅是对技术能力的考验，而且是对学生综合素质和创新能力的全面展示。中职教育的目标之一是培养学生的职业素养和实践能力，通过市场营销策略的评估可以有效衡量学生在项目中所表现出的创新潜力和应对挑战的能力，从而为其未来的职业发展奠定坚实的基础。

（三）技术应用和平台运营

在中职教育中，培养学生的技术应用能力不仅涉及对具体技术工具的掌握，而且涉及如何将技术知识应用于实际场景中，并通过创新来提升平台的功能和用户体验。评估学生在电子商务平台上应用的技术和功能需要从用户体验角度出发。学生设计的平台是否能够提供流畅的用户界面和友好的操作体验？他们是否能够结合用户需求和行业趋势，设计和优化平台功能？在评估用户体验时，需要重点关注学生的用户研究能力和用户界面设计能力，以及他们是否能够从用户反馈中及时调整和改进平台功能。

评估平台的安全性至关重要。学生在平台设计和运营过程中是否考虑到信息安全和数据保护的重要性？他们是否能够采取有效的安全措施，防范可能的网络攻击和数据泄露？安全性评估需要考查学生的风险意识和安全管理能力，以确保平台在运营过程中能够保持数据的完整性和维护用户的信任。

除了用户体验和安全性，评估平台的性能优化也是重要的一环。学生是否能够利用技术手段对平台的性能进行优化，如加快页面加载速度、提升系统响应能力？他们是否能够有效管理和优化平台的服务器与数据库，确保平台能稳定运行并应对高访问量？性能优化评估涉及学生的技术实施能力和问题解决能力，评估他们是否能够在面对技术挑战时找到有效的解决方案。

评估学生对技术工具和数据分析工具的应用能力也是关键。学生在平台运营过程中是否能够灵活运用各类技术工具，如开发框架、数据库管理系统等？他们是否能够利用数据分析工具分析用户行为、市场趋势和销售数据，并据此调整平台策略？在评估技术工具和数据分析能力时，需要考查学生的学习和应用能力，以及他们在实际项目中展现的创新思维和解决复杂问题的能力。

二、核心素养视角下的创新能力培养效果反思

（一）目标设定与达成度

目标的明确性和具体性直接影响学生在项目或活动中的学习成果与综合素质

的提升。这些目标不仅要与核心素养的理念相符，还要紧密关联学生的实际需求，从而有效引导他们在创新实践中成长和发展。设定创新能力培养的目标需要明确考虑中职学生的特点和教育背景。中职教育的目标不仅在于传授知识和技能，而且在于培养学生的实际操作能力和问题解决能力。因此，创新能力培养的目标应具体到学生在技术应用、团队合作、市场分析等方面的能力提升，如学生能否独立设计和开发电子商务平台，或者能否有效地运用市场营销策略提升产品或服务的竞争力。

评估中职学生在项目或活动中是否达到设定的学习目标，需要综合考量知识、技能和态度方面的表现。知识方面涉及学生是否理解相关的理论知识和行业趋势，并且能将其应用到实际项目中；技能方面包括学生是否掌握了所需的技术工具和操作方法，能否熟练运用这些技能解决实际问题；而态度方面则体现在学生是否展现出创新意识、团队合作精神和持续学习的积极态度。

评估中应重点关注的是学生在项目或活动中的实际表现和成果。例如，他们是否能够通过创新项目展示出对问题的深刻理解和创意解决方案；他们是否能够有效地与团队成员协作，共同推动项目向前发展；他们是否能够在激烈的市场竞争中脱颖而出，通过数据分析和市场营销策略取得预期的成效。

评估还应考虑到项目或活动的反思和改进机制。学校和教师可以通过定期的评估与反馈，帮助学生识别和解决在创新实践中遇到的问题与挑战，进一步优化创新能力培养的效果。这种反思和改进不仅有助于提升学生的学习体验，还能为未来类似项目的设计和实施提供宝贵的经验与教训。

（二）教学设计的有效性

分析教学设计和课程安排是否有效，可以促进中职学生创新能力的发展，需要综合考量课程内容的选择和安排、教学方法的多样性和灵活性，以及是否充分考虑学生的实际学习需求和背景。中职教育的特点决定了教学设计应紧密结合实际工作需求和行业发展趋势，旨在培养学生的实践操作能力和创新思维，为其未来的职业发展奠定坚实的基础。

有效的教学设计应确保课程内容的选择和安排能真正满足学生的学习需求。这意味着课程内容应紧密围绕行业实践和职业技能要求展开，帮助学生建立对所学知识和技能的实际运用能力。例如，在电子商务领域，教学内容可以涵盖市场分析、产品设计与开发、用户体验设计等方面，通过具体的案例和项目实践来帮助学生理解与掌握相关知识。

具备多样性和灵活性的教学方法是促进学生创新能力发展的重要保障。中职学生的学习方式和节奏各异，因此在教学设计中应采用多种教学方法，如项目驱动式学习、实践教学、问题解决式学习等，以激发学生的学习兴趣和参与热情。通过实际操作和团队合作，学生可以在实践中积累经验，培养创新思维和问题解决能力。教学方法的多样性还包括利用现代技术和工具进行教学，如虚拟仿真实验、在线学习平台和数据分析工具等，运用这些工具不仅能增强教学的互动性和趣味性，还能更好地模拟实际工作场景，帮助学生提前适应和掌握所需的技能。

有效的教学设计应充分考虑到学生的实际学习需求和背景。中职学生通常具有明确的职业目标和实际工作需求，因此教学内容和方法也应紧密贴合其职业发展路径，并通过实际案例和行业导向的项目，帮助他们将理论知识转化为实际应用能力。例如，可以通过企业合作或实习项目，让学生亲身体验行业实践，从而更深入地理解和掌握所学内容。

评估教学设计的有效性还需要考虑学生的反馈和成果。教师可以通过定期的评估和反馈机制，了解学生在课程学习过程中的理解程度、技能掌握情况和创新能力的发展情况，从而及时调整和优化教学策略。可以通过学生的实际表现和成果，更客观地评估教学设计是否真正达到了促进创新能力发展的预期效果。

（三）反馈和自我评估

在中职教育中，鼓励学生进行项目或活动后的反思和自我评估，是促进其创新能力发展和全面成长的重要环节。这种反思和评估不仅有助于学生认识到自身的学习成长和发展，还能为教师提供宝贵的反馈信息，改进教学策略和优化课程设计，进一步提升教学质量和促进学生成长。

学生在项目或活动结束后进行反思和自我评估，有助于他们深入理解所学知识和熟练应用各项技能。通过反思，学生可以回顾整个项目的过程，分析项目目标的实现情况、团队合作的效果以及个人在项目中扮演的角色和做出的贡献。例如，在电子商务创新项目中，学生可以评估自己在市场分析、产品设计和推广策略上的表现，反思自己的优势和不足之处，从而更好地了解自己在实际工作中的能力并确定合适的发展方向。

反思和自我评估有助于学生培养批判性思维和问题解决能力。通过对项目执行过程中遇到的挑战和困难进行分析与总结，学生可以探讨解决问题的不同方法和策略，并评估每种方法的有效性和适用性。这种批判性思维的培养不仅有助于学生在项目中取得更好的成果，还能使其在日后的学习和职业发展中受益。

反思和自我评估可以促进学生自我认知和自我管理能力的提升。通过分析自己在项目中的表现和成长，学生可以识别出自己的学习风格、工作习惯以及潜在的发展方向。这种自我认知有助于学生制订个人发展计划和学习策略，更有效地利用学习资源和机会，持续提升自己的能力和竞争力。

反思和自我评估对教师的教学改进具有重要意义。教师可以通过学生的反馈和评估，了解教学策略和课程设计存在的不足之处和改进空间。例如，教师可以根据学生的反馈调整课程内容的深度和广度，改进教学方法，从而更好地满足学生的学习需求。

反思和自我评估还有助于建立学生与教师之间良好的沟通和合作关系。通过开放式的反馈机制，学生可以更直接地表达自己的学习体验和需求，教师也可以更及时地了解学生的学习状态和情况，共同探讨和解决可能存在的问题。

参考文献

[1] 陈帅. 电子商务时代的物流发展分析 [J]. 农家参谋, 2020 (05): 180.

[2] 王国夫. 核心素养视域下培育中职学生创新素养的探究 [J]. 职业, 2020 (25): 52-53.

[3] 吴徉. 中国电子商务行业的发展趋势分析 [J]. 中外企业家, 2019 (27): 53.

[4] 李卓慧. 电子商务专业中职学生职业核心素养培养 [J]. 现代商贸工业, 2020, 41 (25): 74-75.

[5] 蔡乐. 基于核心素养的中职电子商务专业学生培养策略研究 [J]. 科学咨询(教育科研), 2020 (05): 63.

[6] 祁丽春. 中职学生核心素养提升的教学评价方式探究 [J]. 知识文库, 2021 (12): 83-84.

[7] 何叶. 核心素养视域下中职生创新能力培养的几点思考 [J]. 轻纺工业与技术, 2019, 48 (10): 183-184.

[8] 严丰. 促进中职学生创新能力培养的方法 [J]. 启迪与智慧(中), 2020 (06): 7.

[9] 王霞. 论中职学生核心素养的培育与优秀传统文化的传承创新 [J]. 教育科学论坛, 2022 (27): 74-77.

[10] 刘慧, 周园, 于光明, 等. 中职学生创新素养测评模型的构建 [J]. 西部素质教育, 2022, 8 (06): 18-22, 32.

[11] 韩健. 中职生创新素养培养中的教师胜任力提升路径 [J]. 教育艺术, 2023 (10): 81.

[12] 王红梅. 中职学校学生核心素养培育的价值与对策 [J]. 湖南教育(C版), 2024 (03): 71-72.

[13] 李立尧. 中职学校学生核心素养培育方法与路径 [J]. 现代职业教育, 2021 (26): 4-5.

[14] 邹筠. 核心素养背景下的中职学校思政课教学 [J]. 中学政治教学参考, 2021 (26): 86.

[15] 陈文泉. 中职学校培育核心素养的德育实践与探索 [J]. 职业, 2020 (29):

83-84.
[16] 王波．中职学校学生核心素养的现状与对策研究［D］．太原：山西大学，2021.
[17] 李晓娜，林彤蔚，郑伟心．基于发展学生核心素养的中职学校课程设置探析［J］．华章，2023（09）：46-48.
[18] 谢朝辉．中职电子专业学生核心素养培养探索［J］．湖南教育（C版），2021（12）：39-40.